EL MARTINISMO

Servidores Desconocidos del Cristianismo

Jean-Louis de Biasi

Theurgia Publications
www.theurgia.us

El Martinismo, Servidores Desconocidos del Cristianismo, Copyright © 2018

Todos los derechos reservados Theurgia Publications.

Ninguna parte de este libro puede ser reproducida o utilizada de ninguna manera sin el permiso por escrito de Theurgia Publishing, con la excepción de citas cortas incorporadas en artículos o presentaciones relacionadas con este libro.

Editors : Jean-Louis de Biasi - Patricia Bourin

Traducción: Geimme

Estamos muy agradecidos por la revisión del presente texto por RSM y JGJ

Theurgia Publications © 2018

2251 N. Rampart Blvd #133, Las Vegas, NV 89128, USA

secretary@theurgia.us

Fabriqué aux États-Unis

ISBN: 978-1-926451-16-9

Descubre las otras publicaciones de "Theurgia"

www.theurgia.us

SUMARIO

Prólogo de la nueva edición _____ 7

Prólogo a la edición española _____ 9

Introducción _____ 11

1ª Parte: La Tradición Martinista _____ 15

El Árbol Martinista _____ 15
   Martínez de Pasqually _____ 15
   J.B. Willermoz _____ 19
   Louis-Claude de Saint-Martin _____ 20

Facetas del Martinismo _____ 24

2ª Parte: Doctrinas Martinistas _____ 29

La doctrina Martinezista _____ 29

El siglo de las luces _____ 31

La doctrina Martinista _____ 35

El Martinismo de Papus _____ 43

3ª Parte: Aspectos del Martinismo contemporáneo ___ 51

Orden iniciática y esotérica _____ 51

Los grados y las prácticas Martinistas. _____ 52

Los símbolos _____ 54

Los Grandes Maestros _____ 55

El Templo Martinista _____ 56

La egrégora y los Maestros del pasado _____ 57

El Martinismo y la Iglesia Gnóstica _____ 58

Las desviaciones del Martinismo _____ 60

La división _____ 61

La enseñanza _____ 62

Martinezismo y Martinismo _____ 62

Orientalismo y exotismo _____ 63

La ilusión mística _____ 65

4ª Parte: El corazón secreto del Martinismo _____ *66*

5ª Parte: Rituales y Prácticas _____ *73*

Rito Martinista de 1897 _____ 73

Los Oficiales de la Logia en los cuatro primeros grados _ 76

Rituales Martinistas provenientes de una Logia de búsqueda contemporánea _____ **78**
  Ritual de Contacto Individual con la cadena Martinista _____ 79
  Ritual de las disciplinas Teúrgicas _____ 87
  Rito de fundación de una Logia Martinista _____ 99
  Práctica de la Cruz Kabalística _____ 124
  Ritual Martinista Operativo _____ 125

Plegarias de exorcismos y de consagraciones _____ **138**
  Sacralización de la Túnica y el Cordón: _____ 138
  Sacralización de la daga (o de la espada): _____ 139
  Sacralización del incienso: _____ 140
  Sacralización del mantel del altar: _____ 142
  Sacralización de las luminarias: _____ 143
  Sacralización del incensario: _____ 144

7ª Parte: El Martinismo y La Orden Kabalística de la Rosa+Cruz _____ *147*

La Orden kabalística de la Rosa+Cruz _____ 147

El Martinismo en la Orden Kabalística de la Rosa+Cruz 153

Anexos _____ *157*

Sugerencia de una guía de estudios sobre el Martinismo 157
  1.- Asociado _____ 157
  2.- Iniciado _____ 159
  3.- Superior Desconocido _____ 160
  Nota especial sobre el tema de estudio: _____ 162

Trabajos de reflexión y de estudios sobre el Martinismo 163
    Los Maestros del Pasado _____ 163
    Consideraciones sobre la palabra "Vida" _____ 167
    Haraïm _____ 169
    La espada _____ 170

El Credo Martinista _____ 172

Objetivos de la Orden Martinista _____ 173

Extracto de los cuadernos de la Orden Martinista _____ 174

Prólogo de la nueva edición

Hace veinte años, y ya metidos en el siglo XX, se publicó mi libro sobre el Martinismo. Fue seguido por muchos otros que cubren varias áreas de la tradición occidental. Durante mucho tiempo he dudado en volver a publicar este libro, pero ahora está hecho. Otra edición probablemente verá el día en inglés, en 2018.

Muchos lectores querían poder leer este libro. De hecho, es diferente de la mayoría de lo que puedes leer sobre el tema. En el momento de su redacción, la mayoría de los libros sobre el Martinismo abordaban esta tradición solo históricamente. Especialistas como Antoine Faivre o Robert Amadou habían hecho una especialidad. A través de este libro, mi objetivo era sin duda recordar los elementos históricos, pero especialmente revelar algunos elementos mal conocidos. Entre ellos, la dimensión espiritual y religiosa, los escollos de esta tradición y las órdenes principales me parecieron tan importantes como los estudios históricos. Creo que eso sigue siendo relevante hoy. De hecho, muchos sitios web que he podido consultar dedican largas páginas a enumerar sus diplomas y tratar de demostrar su legitimidad. También es una tendencia enfermiza de las iglesias pequeñas y otras órdenes templarias. Me gustaría recordar un elemento fundamental: solo una filiación válida es suficiente. Por supuesto, los ritos pueden ser múltiples, ya que desde Papus estos han evolucionado, dando lugar a desarrollos a menudo muy interesantes. Por mi parte, tuve la oportunidad de recibir las diferentes filiaciones Martinistas, algunas por línea directa. También me fueron entregadas otras comunicaciones menos conocidas. Sin embargo, no encontrarán en mi sitio web la acumulación habitual de diplomas. Es una cosa inútil.

Veinte años después, parece importante compartir con ustedes algunos comentarios sobre el Martinismo en el siglo XXI. En pocas palabras, es fundamental preguntarse si las órdenes Martinistas todavía son capaces de traer algo al mundo o no.

¿Sigue siendo relevante el Martinismo? Esta pregunta puede parecer extraña viniendo de mí. De hecho, gran parte de mi investigación está dedicada a las tradiciones platónicas y neoplatónicas. Aunque estos son más antiguos, surge la misma pregunta. Cualquiera que haya leído las obras de Louis Claude de Saint Martin y que haya recibido iniciaciones Martinistas puede medir la diferencia.

Está claro que las estructuras martinistas desarrolladas por Papus y su equipo llevan su marca. También es una cosa muy buena. Sin embargo, cada nueva contribución proveniente de las órdenes martinistas aumentó esta brecha con el personaje que es la inspiración. A menudo es difícil reconocer la teosofía cristiana de San Martín detrás del ocultismo martinista de los siglos XIX y XX.

Además, ciertas doctrinas desarrolladas están incluso en oposición a sus creencias. Este es el caso, por ejemplo, de la reencarnación. Por lo tanto, debe reconocerse que las órdenes martinistas en general se han alejado de la simplicidad original y han distorsionado, a menudo por orgullo, un mensaje espiritual de la tradición cristiana. Si la utilidad de estas órdenes Martinistas es hoy discutible, no es lo mismo para el mensaje de San Martín. Fue integrado por Papus en los ritos y es él quien es fundamental. Para encontrar este corazón, es importante dejar de lado los dogmas cristianos que impregnan la obra de San Martín. El enfoque es idéntico al que consiste en encontrar la moralidad evangélica desprovista de dogmas religiosos posteriores. Es un paso esencial que nos devuelve a lo básico. La seducción siguió este camino. Como todos pueden ver, el grupo que formó con el nombre de amistad espiritual pudo permanecer fiel a esta simplicidad. Esta alma del Martinismo es simple. Se presenta en pocas palabras y no requiere largos estudios cabalísticos: humildad, sencillez, tolerancia y autenticidad. Los objetivos y credos de Martinismo definidos por Papus y Teder dan un desarrollo en la fraseología de la época.

Volviendo a esta base fundamental, entonces podremos enfocarnos en lo que es esencial en el mensaje de San Martín, asociado con la dimensión espiritual de Ishchuah. Pero esto es hoy más de una cofradía, que una Orden de iniciación.

Nuestra vida es corta y es esencial ir lo más rápido posible a lo esencial. No perdamos el tiempo en largas pretensiones genealógicas que ocultan un orgullo incompatible con esta tradición. Vayamos al corazón de esta tradición para cambiar verdaderamente nuestras vidas para mejor, tanto para nosotros como para quienes nos rodean.

Las Vegas, 11 de noviembre de 2017

Prólogo a la edición española

Estoy orgulloso de que esta obra sea accesible ahora a los lectores de lengua española. Han pasado años desde que fue escrita. Se podrían modificar o completar algunas cosas, pero algo permanecerá siempre idéntico: es el motiva que constituyó la intención de esta obra: hacer sentir el corazón del Martinismo.

Desde hace mucha, la mayor parte de los escritos dedicados a esta tradición se limitaron a su historia. El Martinismo, que irradió una intensa luz, fue misteriosamente rehén de los historiadores y de los teólogos quienes, poco a poco, le construyeron un auténtico hipogeo.

El objetivo de la presente obra es levantar el velo que siempre ha cubierto esta importante tradición, mostrar su profundidad y su belleza. El Martinismo es un compromiso moral a perfeccionarse, a actuar sin cesar para el bien, en la más perfecta humildad. El martinista es silencioso, invisible, y está siempre buscando hacer bien y dejar que los demás hablen. Avanza pasito a paso hacia lo divino por su actitud interior y su comportamiento diario.

Paradójicamente, el martinista no es un intelectual que teoriza sobre los planos divinos y las técnicas del despertar. Bien se trate de la kábbala o de los misterios ocultos de la teosofía, ninguno de estos conocimientos traerá algo nuevo que deba constituir la esencia de su vida, es decir, ser bueno y avanzar pasito a paso hacia Dios.

Corno decía Jesús: Escuchad y atended. No contamina al hombre lo que entra por la boca, sino lo que le sale por la boca. Mat. 15:10, y más adelante En la cátedra de Moisés se han sentado los letrados y los fariseos. Lo que os digan ponedlo por obra, lo que hacen no lo imitéis; pues dicen y no hacen. Mat. 23:2.

El martinista es un hombre de deseo. Es decir, que le empuja una fuerza interior, que le permite no desesperar nunca de la humanidad y de aspirar siempre a lo que constituye la grandeza de la creación, del mundo y de la vida. Es aquél que ve la luz en cada parcela del universo, en cada cuerpo, en cada puesta de sol. No hay ninguna necesidad de huir del mundo, de rechazarlo, de considerar la pureza o impureza de los manjares. La vida es un regalo y el martinista atento y silencioso disfruta de cada instante sin depender jamás de ello. Invisible y presente, participa en el Orden divino actuando en cada instante como si el universo entero fuese testigo. Sin culpabilidad malsana y con la lucidez de aquél que conoce sus fuerzas y sus flaquezas, avanza con un empeño absoluto.

El hombre de deseo, el martinista, destaca pues por su compromiso y la conformidad de sus actos con sus palabras.

Nada le impide estudiar y filosofar, pero sabe que lo esencial está en otra parte. Corno Epicuro, se puede alimentar con placer de los platos refinados, pero si las circunstancias le llevasen a ello, sabría alimentarse con unas olivas y un trozo de pan.

La Iniciación Martinista, bien única o bien por etapas, fue concebida para ayudar al candidato en esta toma de conciencia y acompañarlo en su compromiso interno.

Deseamos que esta obra les haga sentir la belleza de la herencia de los Maestros Pasados, eternamente presentes entre nosotros.

Jean-Louis de Biasi - 13 marzo de 2006

Gran Patriarca R +C e Gran Maestro de La Orden kabalística de la Rosa+Cruz

Introducción

Papus dijo de la Orden Martinista: Es una sociedad mística (...). Como sociedad, el Martinismo es la unión de las fuerzas invisibles evocadas por la búsqueda de la Verdad (...). La Orden Martinista es un centro activo de difusión iniciática. Está constituida para propagar rápidamente y de una manera amplia las enseñanzas de lo oculto y las líneas de la tradición occidental cristiana. La sociedad Martinista tiene como primer principio respetar la libertad humana (...). El segundo principio es el de aceptar en su seno a hombres y mujeres. El tercer principio es el de ser cristiana. El Martinista defiende la acción de Cristo.... (A propósito del Martinismo, Papus, Doctor Gérard Encausse).

Según esta definición, los principios del Martinismo parecen relativamente sencillos de comprender. Pero, en tiempos de Papus, las cosas eran muy distintas a las de hoy en día. En efecto, diferentes ritos se han desarrollado a partir de elementos simbólicos específicos. Unas enseñanzas, unas prácticas, unas costumbres han sido desarrolladas hasta dar nacimiento a diversas Ordenes Martinistas. En fin, diversos personajes del pasado y modernos han jalonado y construido su historia. Algunos fueron creativos e innovadores, otros doctores y conservadores.

Así pues, es interesante e importante presentar esta tradición, su origen, su rol, su filosofía, así como lo esencial de sus ritos. No se trata de una obra más dentro de la historia del

Martinismo. Nuestro objetivo ha sido, al contrario, hacer inteligible esta corriente a aquellos que no tenían más que una vaga idea o falsa idea. Hemos querido revitalizar el Martinismo del pasado sin dudar del contemporáneo si no se mantiene anclado en tal o cual dogma necesariamente reduccionista. Efectivamente, puede ser para algunos un medio de imponer una visión del cristianismo muy personal, mientras que para otros la dimensión caballeresca o teúrgicas será la predominante. La búsqueda de las raíces podrá conducir a la magia de los Elus Cohens, así como a la simplicidad, la sobriedad y la libertad. Todo en referencia a los martinistas...

De este modo, aquél que quiera aproximarse a esta tradición, y avanzar hacia sus misterios y ritos debe adherirse a la sensibilidad que se desea encontrar allí.

¿Se trata de Martínez de Pasqually, de Saint-Martin, de Papus o del Martinismo sencillamente? Pero ¿bajo qué criterio orientarse? El aspirante, ¿no se orientará según los encuentros, según el destino, o por azar?

A menudo se convierten en Martinistas, como otros en Rosa-Cruces o Franco-Masones, ¿o creen convertirse, por el simple hecho de ser iniciados en una orden que lleva este bello y misterioso apodo? Pero ¿lo son verdaderamente? De centenares de personas que pasan el portal de esta tradición, pocas quedaran después de algunos años. Menos numerosos son aquellos que lograran penetrar en el corazón de aquello que se ha venido en llamar el esoterismo cristiano. Y, en consecuencia, ¿no es este uno de los aspectos más importantes de esta diligencia? Entre todas estas personas que creen conocer el Martinismo, muchas rechazaran la llamada a una búsqueda que los haría progresar, en el fondo de su ser, abandonándola como un ideal utópico que la realidad de ciertas ordenes fraternales ha infamado rápidamente.

En consecuencia, hay detrás de cada cual una llamada, una fuerza que dirige a cada uno misteriosamente hacia estos portales. Todos aquellos que se han aproximado a esta tradición han sentido este deseo, esta fraternidad que les permitiría profundizar aquello que ellos habían abordado individualmente y, con frecuencia, intelectualmente en los libros. La perspectiva de un intercambio productivo, la atracción del rito y su valor que hoy en día tiene aún, hace que sean numerosas las personas que se apuntan después de haber pasado por diversas órdenes existentes. Mas allá de esta aparente diversidad, a veces este ultraje, la experiencia cotidiana demuestra la permanencia de un pensamiento y de un carácter martinistas independientes de las estructuras visibles capaces de hacer germinar en cada uno, aquello que denominamos la Hamada o el deseo de la búsqueda.

¿No son numerosos aquellos que, con un libro de Papus en la mano, han fantaseado sobre cuál fue el Martinismo de aquella época? Esta fraternidad, uniendo cada uno de estos amigos en una búsqueda total, les resulta atractiva en cada instante de su vida. La fraternidad no era para ellos una finalidad. Ella era la consecuencia de su caminar místico.

No creemos que tal estado de cosas haya desaparecido hoy en día, porque alrededor nuestro algunos martinistas o algunos buscadores habiendo integrado en ellos este ideal, obran en el incógnito y en el silencio. Puede tratarse de estudiantes pertenecientes a diversas órdenes, pero también de todos aquellos que, no iniciados, no conociendo tal vez esta vía, encarnan ya en su vida tal ideal.

Porque no es suficiente estar iniciado para convertirse en martinista. Algunos, que no pertenecen a esta escuela, podrían hasta dar unas lecciones. Esta tradición es, entonces, algo más que un puzle de diferentes corrientes, de las cuales nos podría faltar un trozo; es la presencia sobre nosotros de un pensamiento, de una egrégora que sintetiza una comunión de espíritu y de símbolos entre diferentes personas. Mas allá de las fisuras, más allá de las oposiciones, el Martinismo permanece uno y vivo, porque su acción y su rol no están, afortunadamente, sometidos a las estructuras visibles.

Es partiendo de esta certificación que nosotros hemos podido describir esta corriente occidental evitando extraviarnos en una historia estéril o en una parcialidad reductora. En efecto, existe un objetivo martinista trascendiendo a los seres que han constituido su historia. Se trata de la defensa y del servicio invisible del esoterismo cristiano. Paralelamente a esta obra algo indefinida, el descubrimiento de sí misma y de su propia expresión divina aparece como el eje esencial del trabajo.

Si este cuerpo doctrinal no estuviera vivo, hace tiempo que habría desaparecido. Constatamos que ese no ha sido el caso.

1ª Parte: La Tradición Martinista

El Árbol Martinista

Para comprender el Martinismo y sus diversas expresiones es conveniente que delineemos las líneas maestras de su edificio. Este árbol martinista posee, en efecto, las raíces que no se pueden ignorar si se desea comprender su evolución y descubrir su carácter original. No nos fijaremos en detalles inútiles, en favor de la claridad y la sencillez.

Existe hoy en día una distinción entre el Martinismo y el Martinezismo, subrayando la diferencia que existe entre el más antiguo fundador, Martínez de Pasqually y uno de sus sucesores, quien ha marcado más esta corriente, Louis Claude de Saint-Martín. Es preciso remontarnos a una época en la que ninguna de estas doctrinas existía bajo la forma como la conocemos hoy en día y hablar algo sobre Martínez de Pasqually.

Martínez de Pasqually

Todo en la vida y los orígenes de Martínez de Pasqually parece oscuro. No tenemos la certeza respecto a su verdadero nombre, su lugar y fecha de nacimiento, su religión y su doctrina. Todo ha sido, o puede ser aun discutido. Sin embargo, de los numerosos trabajos históricos, los de G. Van Rijnberk, Robert Amadou y Antoine Faivre permiten hacerse una idea relativamente justa de sus diferentes características. Rijnberk escribe: Según el acta de matrimonio del maestro con Marguerite Angélique de Collas y el certificado de catolicidad del registro de los pasajes de su viaje a Santo Domingo, resultaría que:

1.Martínez nació en 1725 en Grenoble.

2.Su nombre completo sería: Jaime Joaquín de la Torre de la Casa Martínez de Pasqually.

3.Su padre se llamaría de la Torre de la Casa.

Estas puntualizaciones son, como se puede ver, muy precisas, aunque algo erróneas. Como lo demuestra G. Van Rijnberk, conviene rectificar la fecha de nacimiento para situarla más exactamente en 1710. Respecto al lugar de nacimiento todos los documentos conocidos indican la ciudad de Grenoble. Solo Willermoz cree que Martínez nació en España. El verdadero nombre del maestro es un verdadero rompecabezas. Aquél que citamos antes utiliza en todas las firmas el nombre de Martínez. Así, podemos encontrar Don Martínez de Pasqually, de Pasqually de la Torre, de Pasqually de la Torre de las Casas, etc. Notamos simplemente que el nombre mas utilizado fue Martínez de Pasqually y que sus discípulos han retenido el nombre de Martínez para llamarlo comúnmente. Una parte de su nombre, Las Casas, es utilizado en el romance de Saint-Martín "El cocodrilo". En este pasaje se lo señala corno Eleazar, judío habitante de España, habiendo sido un amigo antes de volver a Francia, de un sabio árabe. El quinto, o sexto, abuelo de este árabe había conocido a Las Casas y había obtenido unos secretos muy útiles que, de mano en mano, llegaron hasta las de Eleazar.

¿Porqué -se pregunta Van Rijnberk - Saint-Martín empleó dos veces el nombre de Las Casas para designar a la persona de Eleazar, que representa a Martínez en el romance del cocodrilo?

Según unos documentos conocidos, podemos avanzar que Martínez provenía de una familia de judíos convertidos, que vivían en Grenoble, pero cuyas raíces se sitúan en España. Respecto a las tradiciones esotéricas familiares, sabemos poca cosa. Notamos, sin embargo, que su padre aparece en Una patente masónica de 20 de agosto de 1738, bajo el nombre de Don Martínez Pasqually, Escudero.

Resumamos ahora aquello que se podría denominar el apostolado de Martínez.

1754. Funda en Montpellier el capítulo de los Jueces puros.

1754 - 1760. Viaja e inicia a nuevos hermanos en París, Lyón, Burdeos, Marsella, Tolosa y Aviñón. Fracasa en Tolosa, en las logias reunidas de San Juan, pero funda la Logia de Josué en Foix.

1761. Se afilia a la logia La Francesa en Burdeos y allí construye su templo particular.

1761-1766. Reside en Burdeos.

1766. Martínez parte hacia París con el propósito de constituir un órgano central: el Tribunal Soberano de Francia, constituido por: Bacón de La Chevalerie, Saint-Martín, Willermoz, Deserre, Du Roi D'Hauterive y Lusignan (Después el Príncipe Cristiano de Séze). En abril vuelve a Burdeos, pasando por Amboise, Blois, Tours, Poitiers y La Rochelle.

1768. Nacimiento del primer hijo de los Martínez. Fue bautizado el domingo 20 de junio en la parroquia de Santa Cruz de Burdeos y recibió seguidamente la primera consagración dentro de la jerarquía Cohen. El abad Fournié se convirtió después en su preceptor, pero este primer hijo desapareció durante la revolución.

Saint-Martín es presentado a Martínez convirtiéndose en su secretario en 1771 antes de que el maestro partiese hacia Santo Domingo.

Willermoz es ordenado Réau-Croix en París, en marzo, por Bacón de la Chevalerie; ordenación prematura, por otra parte, según el maestro.

Martínez encuentra grandes dificultades con dos miembros de la Orden: Sâr Bonnichon, llamado du Guer, y Blanquet. El equilibrio de la Orden se ve amenazado y los dos miembros son expulsados.

1769-1770. En el seno de la Orden estalla un gran malestar. Martínez funda su Orden sin una preparación suficiente. Las instrucciones y los catecismos de los diferentes grados, el ritual para las ceremonias de las logias, las prescripciones necesarias, todo ello no existía más que en una situación imprecisa y embrionaria en el espíritu del maestro, mientras que las logias estaban en pleno funcionamiento. (G. Van Rijnberk) Los Réau-Croix, a los cuales les estaban reservadas las operaciones de magia-teúrgia, carecían en muchos puntos de preceptos, consejos e indicaciones de lo más indispensables, mientras que en las prescripciones existentes, las contradicciones se mantenían.

Las quejas llegaron a Burdeos, pero Martínez reaccionó demasiado tarde, cuando sus discípulos ya se habían calmado; les reprochó pretender grados elevados, en vez de instruirse y les aconsejó comenzar a estudiar profundamente las instrucciones que les había dado.

Entretanto, corno lo afirma G.V.Rijnberk respeto a las prácticas, sus recriminaciones estaban razonablemente fundadas.

Los discípulos se resignaron...

1771. Saint-Martín abandona el regimiento al cual pertenecía y se instala en Burdeos donde se convierte en el secretario de Martínez, reemplazando al abad Fournié.

¡El verdadero trabajo de organización comienza entonces gracias a Saint-Martín 17años después de las primeras instrucciones del maestro!

Durante los años 1771 y 1772 importantes paquetes llenos de papeles partieron de Burdeos hacia el Tribunal Soberano y hacia las logias.

Es evidente que si Martínez hubiera podido continuar la organización con Saint-Martín, tendríamos aun hoy en día una Orden todavía muy fragmentaria.

1772. En el mes de mayo, Martínez se embarca para la isla de Santo Domingo con el objetivo de recoger una herencia.

1773. El maestro funda en Puerto Príncipe un Tribunal Soberano para la colonia de Santo Domingo.

1774. Después de un trabajo asiduo, Martínez muere el 20 de septiembre de ese mismo año.

1780. La mayor parte de los capítulos se disuelven y la actividad de los Réau-Croix deviene, a partir de ese momento, aislada.

En este punto, tres principales corrientes de transmisión iniciática comienzan a dibujarse. La primera, clara y comprensible para todos nosotros, es la de J.B. Willermoz. La segunda, antaño hipotética, y que nos aparece hoy en día claramente es la de Saint-Martín. De la última no sabemos nada o poca cosa. Se trata de la de los iniciados Réau-Croix, que transmitieron su iniciación a sus descendientes o a los más próximos.

J.B. WILLERMOZ

Examinemos a grandes rasgos las grandes líneas de la primera corriente que acabamos de citar. El proyecto de Willermoz consistió en integrar los conocimientos adquiridos con Martínez en ciertos grados masónicos. Así, en 1778, el Convento de las Galias ratifica una modificación de la Masonería Templaría o Estricta Observancia Germánica demandada por Willermoz. Esta se convierte en Los Caballeros Benefactores de la Ciudad Santa.

Willermoz creó un Colegio superior constituido por dos niveles: Profeso y Gran Profeso.

Conocernos el deseo de Willermoz gracias a una carta del 12 de agosto de 1781 dirigida al Príncipe Carlos de Hesse Cassel, en la que se precisan las relaciones de la base doctrinal de Martínez contenidas en los grados teóricos de la Orden de los Elus Cohens. Remarcamos que Willermoz había sido iniciado

Réau-Croix en 1768, diez años antes. Es interesante hacer un paréntesis para decir que después de las investigaciones de V. Rijnberk no se ha hablado de un Martinismo ruso salido de Saint- Martín, sino de una Masonería Templaria reformada según el sistema Lionés.

Para aquellos que conocen el valor de las estructuras masónicas, es absolutamente evidente que estos grados creados por Willermoz han sido mantenidos hasta hoy en día, aunque ciertos masones intenten anunciar una incertidumbre que no sorprende a nadie. Conviene remarcar que esta rama, salida de Martínez, se ha convertido en masónica. Es preciso entender, por ello, que es posible encontrar los grados masónicos que ha introducido Willermoz con mucha sabiduría, pero no siendo los mismos que los del rito primitivo de su maestro. Se trata de una adaptación de las doctrinas de Martínez a la F.M.

LOUIS-CLAUDE DE SAINT-MARTIN

La segunda corriente que nos hemos propuesto desarrollar aquí, es la de Saint-Martín. Numerosos son aquellos que ponen aun en duda una posible filiación entre los grupos contemporáneos, reclamando a Saint-Martín como su fundador. Sin embargo, nos darnos cuenta de que se trata de datos derivados de una mala información o de una mala intención. Se ha vuelto común citar que aquello que el Conde de Gleichen escribe en sus Souvenirs: Saint-Martín había abierto una pequeña escuela en París en la cual yo había sido su discípulo. Es evidente que una tal mención de la escuela no quiere, en absoluto, decir que proceda de las transmisiones iniciáticas, sino simplemente que los encuentros alrededor del curso o exposiciones fueron organizados. Citarnos de nuevo a V. Rijnberk, mucho más preciso:

Otra información importante se encuentra en un artículo de Yarnhagen von Ense sobre Saint-Martín. (...) Saint-Martín fue atraído dentro de múltiples sociedades que tendían o parecían tender hacia los conocimientos superiores. Pero su espíritu superior descubrió enseguida sus profundos defectos, y se retiró de toda sociedad. Decidió, sobre todo, fundar él mismo una sociedad (comunidad) en la que el propósito sería la más pura espiritualidad, y para la cual comenzó a elaborar a su manera las doctrinas de su Maestro Martínez.

Pero la fundación de su sociedad no se efectúa más que lentamente: No aceptaba más que unos pocos miembros, Y siempre con una gran prudencia. En todo esto muchas cosas han permanecido oscuras y será imposible esclarecerlas. La nueva sociedad, parece no tener al principio más que una forma de logia masónica ordinaria: el objetivo de los grandes viajes que se hicieron más tarde fue probablemente procurar una participación más extensa. A su vez, los detalles que Varnhagen von Ense da sobre la pretendida sociedad de Saint-Martín son más restrictivos, pero no se puede negar la perfecta coherencia con la sensibilidad de aquella época. Es todo un hecho impresionante que unos hombres serios y bien informados de su tiempo hayan hablado de la existencia de esta sociedad como de algo cierto y verificado.

Ha sido siempre asombroso y de buen juicio que el Filósofo Desconocido haya pensado en distribuir este grado (S.I.) a sus discípulos. Ahora bien, siguiendo aquello que ya he expuesto en un capítulo precedente, la explicación, según parece, se presenta ella misma al espíritu: Saint-Martín no ha transmitido más que aquello que ha recibido él mismo regularmente de su propio maestro. A primera vista, puede parecer extravagante que Saint-Martín haya dado a sus discípulos, como signo de la iniciación recibida de él, el título distintivo de la suprema dignidad de los miembros del Tribunal Soberano de la Orden de los Elus Cohen. Pero cuando uno penetra más a fondo en aquello que podía haber dirigido Saint-Martín, una explicación simple aparece. En la mayor parte de las sociedades secretas la iniciación se cumple por grados. Para Saint-Martín la cosa ha debido presentarse de una manera diferente: se posee la clave de las cosas ocultas o no se la posee. O se sabe abrir la puerta interior del alma, por la cual se comunica con las esferas del Espíritu, o esta puerta permanece cerrada. A estas alturas, ninguna condición, ningún estadio intermedio, es una alternativa. La iniciación confiere la posesión de esta clave y el poder sobre esta puerta. Ella es una e indivisible, como el Misterio mismo de la Unidad es un todo manifestándose bajo miles de aspectos diferentes. El Iniciado es Rey, en el Reino del Espíritu, Soberano ignorado por el mundo de los profanos. Este razonamiento podría haber sido el de Saint-Martín y lo habría llevado a conferir a sus discípulos, más que grados sucesivos, un único título y supremo a la vez, aquel de Superiores Desconocidos de la Orden en la cual él mismo había recibido la iniciación. Es así como podría concebirse la filiación indirecta por Saint-Martín de los Martinistas modernos con Martinez de Pasqually.

Presentado de esta manera, es, entonces, un hecho coherente que un conjunto así sea perpetuado después de muerte de Saint-Martin. Esto nos va a permitir, seguidamente, comprender qué ha sido el Martinismo para su inspirador. Llegaremos así más exactamente a aquello que han informado los fundadores de la Orden Martinista, estructurada en una época donde las informaciones y documentos no habían sido aún descubiertos. Conviene precisar también, y esto no carece de importancia, que toda tradición posee una historia real y una historia mítica no menos real, que no obedece a las mismas reglas que la precedente.

Papus dice que Henri Delage, conocido como el autor de varias obras espiritualistas, cuando sintió aproximarse la muerte, hizo llamar a su lecho al joven doctor que consideró como digno de recibir el tesoro iniciático que quería transmitir. Esta herencia estaba constituida por dos cartas y algunos apuntes.

Cuántos han sido los numerosos detractores de Papus que han ironizado sobre su febril imaginación y su voluntad de crear aquello que él no sabía realmente, Pero aquellos que se han interesado en la vida y en el carácter de Gérard Encausse, lo consideraron como un maestro, un Gran Maestro de un numeroso número de Órdenes conocidas o, aun hoy, poco conocidas, que no tenía necesidad de imaginar una orden o nueva filiación. Él habría podido también crear una estructura Elus Cohen o Egipcia completamente personal si hubiera querido. Ahora bien, sus conocimientos necesitaban cierta reunificación. La historia nos provee para asegurarnos de esta realidad con otra filiación ligada a Saint-Martín y Agustín Chaboseau, pasando por el Abad de Lanoûe, Enrique de la Touche y Adolfo Desbarolles, por solo citar algunos de ellos. Es por el reencuentro de estos depositarios de la enseñanza y herederos de Saint-Martín que nació el primer Consejo de la Orden Martinista, que se ha dado en llamar la Orden Martinista de Papus. Es evidente que estas dos filiaciones no fueron las únicas. En 1884 fue constituido el Consejo por Papus, Chaboseau, Barlet, de Guaita, Michelet, Sédir y Marc Haven.

Durante un año las iniciaciones fueron transmitidas sin ritual y no es hasta el periodo de 1887 a 1890 cuando los cuadernos de iniciación vieron la luz.

Entre los diferentes miembros del Consejo, muchas órdenes y sensibilidades diferentes se crearon tras la muerte de Papus. Citemos, por ejemplo, la Orden Martinista Tradicional de Michelet, la Orden Martinista de Bricaud, la Orden Martinista y Sinárquica de Blanchard, etc.

No detallaremos aquí todas sus diversas ramas, asunto que saldría fuera de nuestra obra, pero hemos recogido un esquema recapitulativo en nuestro anexo.

Habiendo expuesto hasta aquí los elementos más indispensables sobre el conocimiento de Martínez, nos mantendremos limitados al análisis de la corriente Martinista derivada de Saint-Martín y de Papus, con el propósito de definir en qué consiste, según nuestro parecer, el espíritu del Martinismo.

Definiendo el árbol Martinista descubrimos su extraordinaria solidez y antigüedad respetable, pero también sus debilidades, que son la contraparte humana. Podemos decir, en efecto, que existen tantos Martinismos como martinistas y tantas sensibilidades como órdenes. Es, entonces, importante llegar a clarificar esta escena y esta filosofía oculta, por parecer compleja para el profano.

FACETAS DEL MARTINISMO

La primera cuestión que se puede tratar es aquella de la elección del fundador de esta tradición. Podríamos muy bien y de una forma justificada, decidir que solo el auténtico Martinismo es aquel que proviene de Martínez de Pasqually. Su sistema de grados y de enseñanzas teóricas sería nuestro credo y seríamos, de esta manera, Martinezistas. Los otros movimientos nos podrían parecer desviaciones, como reuniones de viejas damas haciendo ganchillo (alusión al Maestro Philippe de Lyón, del que hablaremos después) para recobrar algunas palabras oídas.

Sin embargo, algunos lograrán progresar penetrando en las doctrinas y prácticas de la noble vía, pero posiblemente gracias a Martínez. En esta categoría, calificada por muchos de exterior, los nombres de los ángeles y de los demonios serán sin duda más familiares que el de Cristo. Es fácil imaginar cual será el punto de vista de sonrisa condescendiente de los teúrgos, actuando como dignos hijos del creador de cara a estos adeptos de una vía mística intentando vivir según el deseo de su corazón.

Si, por el contrario, Saint-Martín nos parece encarnar el verdadero Martinismo, entonces las prácticas de su vía nos conducirán a otra perspectiva. Que ella sea por la iniciación o no, esta senda interior llevará al Martinismo a eliminar la pompa de los ritos. Pondrá en evidencia a aquél que quiera aproximarse a esta condenada vía exterior, llamada a veces la vía operativa, vía mágica y para los de Saint-Martín, vía de la perdición. Parece evidente por esto último que es suficiente aprender a abrir el corazón, a vivir en espíritu y en la verdad dejando de reinterpretar los textos de la tradición cristiana. A pesar de estas cuestiones, nos parece que se aproxima con ventaja a aquello que se entiende habitualmente por Martinismo.

Este tiende a dos asuntos principales:

-Los ritos son utilizados más bien simbólicamente. Están destinados a ponernos en condiciones interiores con el fin de iniciar un trabajo o de recibir una enseñanza. No existe entonces llamada a los ángeles, contactos sobrenaturales y pases misteriosos. El iniciado opera en el dominio místico.

-La segunda razón deriva del hecho de que la vía de Saint-Martín está considerada como muy accesible y ligada al cristianismo. Es, evidentemente, la visión que los esoteristas han mantenido de Saint-Martín. Parece evidente considerar que la opinión de los filósofos sería sensiblemente diferente.

En lo que concierne a Papus, el problema es un poco más delicado, ya que muchas de las órdenes Martinistas contemporáneas han modificado o disminuido la importancia y el valor real de su obra Martinista. De esta manera, su aportación es a menudo considerada como demasiado masónica o demasiado antigua. Increíble paradoja, ya que es precisamente esta estructura la que ha podido garantizar su longevidad. ¡Ahora bien, el sistema elaborado por Papus existe ahora y después de un siglo de aquél que Martínez hizo funcionar solo 8 o 9 años! Se comprende que la construcción de este renovador es, en realidad, un edificio muy importante y de gran valor que sería difícil de tergiversar o de simplificar.

Sería tentador no ver en estas diferentes etapas más que una evolución de la doctrina Martinista y no una oposición o unas divergencias. Debemos darnos cuenta de que esta actitud sería demasiado simplificadora. Existe en esta tradición una unidad alrededor de un punto común, que buscamos hacer percibir en la introducción.

Un punto indefinible, una fuente desconocida que ilumina y alimenta el Martinismo en lo que tiene de más puro y más noble, condicionando el clamor de los futuros iniciados. La mayoría de los Martinistas no han investigado hasta hoy en día su unidad. Ahora bien, aquellos que fueron depositarios de esta tradición, o aquellos que la han adaptado a una época concreta, en realidad han exteriorizado diversos aspectos sin desvelar la totalidad.

Es, en efecto, absolutamente indispensable, para alcanzar la fuente de esta tradición intentar desligarse de las diferentes personalidades que han elaborado su existencia visible.

Si nosotros no lo hiciéramos así, a pesar nuestro, seríamos Martinezistas, Saint-Martinistas o Papusianos, pero no seríamos aquello que se entiende por Martinistas. Si preferimos el estudio de lo visible al de lo invisible, nos limitamos a un estudio estructural o histórico y no podremos comprender el corazón del Martinismo. No veríamos entonces ninguna diferencia en esta necesidad, entre aquél que busca saber qué es el Martinismo y aquél que ha franqueado ya la puerta de la iniciación.

Se imagina fácilmente las rivalidades que pueden derivar de la identificación inconsciente con alguno de los modelos Martinistas precedentes... Pero ¿podemos asegurar la superioridad de una o de otra de las visiones de la iniciación Martinista? En otras palabras, ¿existe una respuesta verdadera a esta pregunta?

Pensamos que aquél que reivindica la exclusividad de la herencia de su fundador como el único Martinismo, se separa inmediatamente de esta corriente. Nadie es o se convierte en Martinista por el simple estudio o iniciación en la escuela apelando a uno o a otro de los Maestros fundadores. Ello significa que el candidato puede muy bien hacerse iniciar sin por ello jamás comprender o penetrar los misterios. Por otro lado, no es imposible que un alma sincera llegue a conectar con el corazón de la corriente Martinista no habiendo nunca frecuentado tales círculos. El Martinismo no es, entonces, una escuela en la que se ingresa por el simple hecho de haber cumplido un rito de entrada. El Martinismo se descubre en la vida, en la ciudad o en la montaña y, porqué no, en la iglesia.

Este punto de vista puede parecer paradoxal. En efecto, ¿dónde encontrar el Martinismo y como iniciarse, si las escuelas existentes no nos garantizan la adquisición de su herencia? ¿Qué debe hacer aquél que siente la llamada del Martinismo? ¿Es necesario que renuncie a su deseo? Para poder responder a estas preguntas, es necesario eliminar la corteza exterior para llegar al corazón que palpita bajo su cubierta y que mantiene la llama encendida desde hace más de 200 años. Conviene que reconsideremos lo esencial de la doctrina y pensamientos de Martinez de Pasqually, de L. C. de Saint-Martín y de Papus, sin deformar-las por necesidades políticas o partidistas. Vamos, entonces, a desarrollar una síntesis, tan justa como sea posible, del espíritu y de la voluntad de estos tres hombres en el seno de su época, con el objetivo de reconstituir aquello que denominamos el corazón del Martinismo y de quien hace de ello su propia vida.

2ª Parte: Doctrinas Martinistas

La doctrina Martinezista

Conviene comenzar con una sucinta presentación de la doctrina de Martínez de Pasqually. Vamos a referirnos, para complementar el análisis, a otros autores franceses como referencia: Robert Amadou, Serge Caillet y Antoine Faivre.

G.V Rijnberk presenta de la siguiente forma la enseñanza de Martínez:

Para hacerse una idea de su enseñanza, nos quedan tres tipos de documentos: 1° Su Tratado de la Reintegración de los Seres en sus primeras propiedades, virtudes y poderes espirituales y divinos; 2° Los rituales y catecismos de su Orden de los Elus Cohens; 3° Las cartas sobre las operaciones mágicas, dirigidas por el Maestro a Willermoz.

El Tratado contiene la doctrina secreta: trata de la caída del espíritu, de la caída del Hombre en la materia, de la Historia oculta del Cosmos y de la Tierra, del rol esotérico del Mal y de los poderes demoníacos y, en fin, de la posibilidad de un retorno de la humanidad a su primer estado de gloria.

Los rituales y catecismos de la Orden exponen esta misma doctrina, pero ocultándola bajo los ornamentos de detalles legendarios y fantásticos, siguiendo el procedimiento masónico. Enseñan, igualmente, como el hombre puede purificarse e intentar hacerse digno de gozar, después de la muerte, de la totalidad de sus antiguos privilegios.

Finalmente, las cartas de Willermoz enseñan los medios litúrgicos para ponerse en contacto con los espíritus de las esferas superiores y supremas.

Encontraréis un interesante resumen en la obrad Denis Labouré, titulada Martínez de Pasqually de las Editions SEPP, Págs. 18 a 22.1

La doctrina de Martínez es una doctrina de la reintegración de los seres. Reintegración implica expulsión anterior, drama y desenlace. Mediante el culto y las prácticas operativas (evocaciones), el hombre debe obtener su reconciliación con Dios y, en consecuencia, su reintegración y su primitivo estado.

Es interesante remarcar que esta doctrina podría, en ciertos aspectos, semejarse a las concepciones herméticas de la tradición neoplatónica. Sin embargo, el discurso esa menudo confuso, pesado y sobrecargado de aspectos complicados. No se encuentra nada del estilo de lo que fueron los autores griegos o romanos.

Para Martínez, Dios ha emanado unos seres espirituales que cedieron al orgullo y pretendieron igualarse a Dios, volviéndose también creadores. Para castigarlos, el creador los echó del mundo espiritual en el cual se encontraban. Dios creó enseguida un andrógino, Adam, para dominara estos espíritus. Pero él se convirtió en la víctima queriendo también ser creador. Fue entonces exiliado sobre la tierra sin contacto con Dios y deberá, a partir de entonces, utilizar los espíritus intermediarios para reencontrar esta comunicación con su creador y reconciliarse con él. Este es el objetivo de todas las operaciones de teúrgia enseñadas por Martínez. Podrá, seguidamente, ser reintegrado en su forma y en sus funciones originales y entrenará todas las criaturas aún separadas de Dios.

Evidentemente, era un hombre de detalles y enriqueció este mito estructurando las prácticas teúrgicas.

De este modo son presentadas, bajo una forma muy simple, la doctrina y las ideas de Martínez. Saint-Martín ya habíamos dicho, a rechazar la vía exterior sin ello renegar de ella. Reconocerá, sin embargo, siempre, el valor y la eficacia de los estudios y de las enseñanzas de su maestro, pero juzgará a esta vía como demasiado peligrosa. Su sensibilidad le guiará, entonces, hacia otros horizontes. Su doctrina sigue siendo la misma en el fondo, es decir, sobre las concepciones de la caída del espíritu y del hombre en la materia y la posibilidad de un retorno de la humanidad a su primer estado de gloria. Es el camino más conocido con el nombre de reintegración o, según las palabras de los Réau-Croix, el de la reconciliación.

El siglo de las luces

Antes de abordar con mayor precisión la doctrina de Saint-Martín, será útil decir algunas palabras sobre el contexto cultural y religioso de su época. Situémonos, entonces, por algunos instantes, en el siglo XVIII, el siglo de las Luces.

Las luces, el iluminismo: en la mayor parte de las lenguas europeas, una misma metáfora, que subraya el fin de las tinieblas, parece designar la cultura del siglo XVIII. El triunfo del racionalismo y del espíritu crítico, en el que los filósofos son los campeones, corona la evolución intelectual de la época moderna; según palabras de Alembert, se comenzó por la erudición (siglo XVI), se continuó por la literatura (siglo XVII) y se terminó por la filosofía (siglo XVIII).

El primer jefe de fila del movimiento de esta filosofía es un magistrado de Burdeos, presidente del Parlamento de Guyenne, Charles de Secondat, barón de Montesquieu (1689-1755), que redacta en 1721, en las cartas persas, una incisiva sátira sobre las instituciones y costumbres de su país, presentada bajo la forma sorprendente de una correspondencia entre Persas [..]. La gran obra de Montesquieu está en El espíritu de las Leyes (1748) que propone un análisis sistemático de todos los regímenes políticos. El gobierno monárquico, que se basa en el honor. Se trata de aquella monarquía moderada de tipo inglés, en la que la libertad está asegurada por la separación de los tres poderes, ejecutivo, legislativo y judicial, que llevó a Montesquieu a identificarse con François-Marie Arouet, hijo de un notario parisino que tomó el seudónimo de

Voltaire (1694-1778) [...]. El talento crítico de Voltaire se manifiesta particularmente en contra de la religión, asimilada a superstición y fanatismo. [...] Es particularmente hostil al clericalismo, a las discusiones teológicas y a las religiones establecidas, pero no lo es respecto a la religión natural. Voltaire acepta la monarquía absoluta, con tal que ella respete las libertades civiles y crea en la legalidad; la cosa más natural y, al mismo tiempo, la más quimérica. [...] No sueña en vano con elevar al pueblo, en razón de que cuando el populacho se pone a razonar, todo está perdido.

De la fusión de ideas que acompañan al movimiento filosófico, destacan aquellas de los grandes temas característicos: La filosofía trata sobre el hombre que actúa siempre en consecuencia a la razón. La religión fundada sobre una tradición, una escritura o una revelación es particularmente sumisa a los fuegos de la crítica. Las filosofías son a menudo deístas o panteístas; algunas se convierten en ateas o materialistas.

Un segundo tema omnipresente de las filosofías es aquel de la naturaleza. Mientras que Dios pierde sus derechos, la naturaleza vuelve a los suyos. Solo importa el mundo que nos rodea, a en el cual el hombre intenta mantenerse. El objetivo de esta moral es la bondad humana, ya que para Diderot no existe más que un deber, el de ser feliz. Y de la creencia en la profunda bondad del hombre, el deduce una tercera: la del progreso.

No se trata, desde luego, más que de algunos rasgos de los movimientos del pensamiento e este siglo. Respecto al tema económico, a pesar de las importantes carencias regionales y de las desigualdades del ritmo, la Europa del siglo XVIII conoce un verdadero comienzo de cambios económicos, a veces resumidos bajo el termino de primera revolución industrial.

En realidad, las transformaciones, ligadas a un incremento demográfico, afectaron a la vez a la agricultura, al comercio y a la industria.

Durante el siglo XVIII se efectúa una especie de despegue demográfico, a pesar de la persistencia de las epidemias y de penurias generadoras de hambrunas. La tasa de natalidad permanece muy elevada (30 al 60%), pero la mortalidad disminuye. De ahí que la esperanza de vida aumenta y también la población. De una manera general, parece que el europeo vive más años debido a que se nutre mejor. El desarrollo de las técnicas agrícolas con la ayuda de los teóricos, que son, al mismo tiempo, prácticos, hace que aumente la producción agrícola. Cuatro guerras se suceden en Europa durante este siglo debidas a los problemas del clero, que quieren seguir influyendo con sus ideas.

Hablar del clero del siglo XVIII implica mencionar una corriente que aún no ha desaparecido hoy en día, aquella denominado del galicanismo. Aquella que fue, en cierta manera, definida por la declaración de los Arzobispos y Obispos, reunidos en París, por orden del rey, el 19 de mayo de 1682.

Resumamos estos cuatro puntos:

1º. San Pedro y sus sucesores, discípulos de Jesucristo, y la misma Iglesia, han recibido el poder de Di sobre los asuntos del espíritu y que conciernen a la salud eterna, pero no sobre las cosas civiles y temporales.

 Declaramos, en consecuencia, que los reyes y soberanos no están sometidos, como asuntos temporales que son, a ningún poder eclesiástico por orden de Dios...

2º. La Santa Sede apostólica tiene la plenitud de poder, así como los concilios generales observados religiosamente en todos los tiempos por la iglesia Galicana.

3°. Las reglas, las costumbres y las constituciones recibidas en el reino y dentro de la Iglesia Galicana deben tener su fuerza y virtud, y los usos de nuestros Padres permanecerán inquebrantables.

4°. El Papa es responsable dentro de las cuestiones de fe y, en consecuencia, su juicio no puede ser alterado, a menos que lo consienta la Iglesia no intervenida.

A partir de esta declaración, la Iglesia francesa determina su relación con la Santa Sede de Roma y, a pesar de las vicisitudes de la historia, la corriente que se opone a los ultramontanos permanecerá viva y fuerte hasta nuestros días. En 1789 los bienes del clero son secularizados. En julio de 1790 aparece la constitución civil del clero con el propósito de crear una iglesia nacional e institucional. El rey la veta, pero un cisma se produce entre los sacerdotes que la han jurado y los refractarios.

En julio de 1801, Bonaparte firma con Pío VII un acuerdo poniendo fin al cisma constitucional. El catolicismo es reconocido como la religión mayoritaria de los franceses. El acuerdo no fue reconocido por muchos obispos que seguían su obra apostólica al margen de la de la Santa Sede de Roma. En 1802 Bonaparte introduce en el texto del acuerdo los "acuerdos" que restablecen el Galicanismo político.

Después, en 1803, se produce la muerte de Louis Claude de Saint-Martín. Es entonces, en este contexto de lucha entre los tres poderes que se situará la obra y el apostolado de Saint-Martín. Lucha entre el poder institucional, Roma y la Iglesia de Francia, celosa de la tradición de sus Padres y de su autonomía. La voz del filósofo desconocido resonó, hablando de filosofía a los filósofos, de religión a los religiosos, de teosofía a los teósofos, elevándose por encima de todos, y sobre todo, independiente en relación con todos, pero no será reconocido más que por unos pocos y permanecerá así hasta nuestros días.

La doctrina Martinista

Atengámonos ahora a las enseñanzas y la evolución del pensamiento de Saint-Martin. R. Amadou escribe: Saint-Martín fue francmasón, Saint-Martín fue Elu Cohen, Saint-Martín se adhirió al mesmerismo. Se presta de buena fe a los ritos y costumbres de estas sociedades. Se convirtió en miembro irreprochable de fraternidades iniciáticas. Pero esta actitud no representa más que una etapa de su vida. Es éste un asunto importante que hay que notar sin, no obstante, extrapolarlo. El secretario de Martínez, prácticamente se había desviado de la teurgia. Maestro (dice un día a Martínez), ¿son necesarias tantas cosas para rogar a Dios? Esta tendencia se hace cada vez más fuerte en él. En efecto, por encima de todo, su búsqueda era la de Dios.

Sin tregua le impulsará la sed del Bien, de la Belleza y de la Verdad que sólo Dios podrá incorporar. También su evolución interior le conducirá a alejarse de los fenómenos para unirse a la vía interior, que será llamada posteriormente la vía mística o cardiaca. Después de haber practicado los ritos de Martínez, lee a otros autores de moda. Voltaire, Rousseau, Montesquieu, de los que hablamos anteriormente, escritores muy poco místicos. Pero Saint-Martín es capaz de pensar por él mismo, de elaborar su obra y de sintetizar su pensamiento.

Posteriormente se produce la revelación que transforma su vida: Saint-Martín descubre a Jacob Boehme. Decimos transformación, pero debemos ver en ella una verdadera iluminación interior, que modifica el pensamiento y la vida de Saint-Martín hasta su muerte. El mensaje de Jacob Boehme se refleja en el filósofo desconocido, le purifica aportándole una verdad que ninguna de las prácticas de los Elus Cohens le podía aportar. Así fue la aparición dentro del esoterismo francés de la vía interior, gracias a su obra, pero también debido a la traducción que él hizo de ciertas obras de Boehme. Analizar en detalle el pensamiento del Filósofo Desconocido nos llevaría demasiado tiempo en esta exposición de la vía Martinista. Por ello es por lo que daremos la visión más concisa posible de lo que para él era la vía interior, la búsqueda de la divina Sofía. De esta forma, las grandes líneas de su pensamiento serán trazadas, y situadas dentro de su visión personal. Examinemos todo lo que él escribió de Jacob Boehme en la introducción de su primera traducción:

Jacob Boehme, conocido en Alemania con el nombre del filósofo Teutón, y autor de la Aurora Naciente, así como de muchas otras obras teosóficas, nació en 1575, en un pequeño pueblo de la Alta Luzacia, llamada la antigua Seidenburg, a media milla de Gorlitz. Sus padres pertenecían a la clase baja, pobres pero honestos. Lo ocuparon en sus primeros años de vida en guardar ganado. Cuando fue mayor, lo enviaron a la escuela, donde empezó a leer y escribir, y de allí fue a aprender a casa de un maestro zapatero en Gorlitz. Se casó a los 19 años y tuvo cuatro hijos, a uno de los cuales le enseña su oficio de zapatero. Murió en Gorlitz en 1624 de una enfermedad aguda.

Mientras estaba aprendiendo, su maestro se ausentó momentáneamente, y un extranjero vestido de forma muy sencilla, pero con un aspecto venerable y de bella facción, entra en la tienda y, tomando un par de zapatos, pide comprarlos. El joven no se creía con derecho a cobrar los zapatos y rehusó venderlos, pero el extranjero insistió y les fijó un precio excesivo, esperando con ello salvaguardarlo de las regañinas del maestro. Le dio el precio propuesto, tomó los zapatos y se fue. Se para a unos pasos de la casa y con una voz alta y firme, le dijo: Jacob, Jacob, ven aquí. El joven quedó sorprendido al ver que el desconocido le llamaba por su nombre, pero fue hacia él. El extranjero, con aire serio, pero amical, le mira con una mirada penetrante y le toma la mano derecha, y le dijo: tú serás importante y te convertirás en otro hombre, de tal forma que serás objeto de admiración. Es por ello que serás piadoso, temeroso de Dios y respetarás su palabra; sobretodo lee cuidadosamente las santas escrituras, en las cuales encontrarás los consuelos y las instrucciones, porque sufrirás mucho, tendrás que soportar la pobreza, la miseria y las persecuciones, pero sé corajoso y perseverante, porque Dios te ama y te es propicio.

Diciendo esto, el extranjero le aprieta la mano, le mira aun más fijamente y se va, sin que aquél le dijera si se volverían o no a ver.

Después de esta época, Jacob Boehme recibió de forma natural, en múltiples circunstancias, diferentes desarrollos que le abrieron la inteligencia sobre diversas materias, de las cuales trató en sus escritos.

Nos encontramos en una situación muy diferente de aquella que conoció con Martínez. No se trata de un teórico de lo oculto o de un sabio maestro de conocimientos mágicos, sino de un simple zapatero, de un hombre sin grandes conocimientos intelectuales. Es de resaltar que, dentro del pensamiento del siglo XVIII, tal hombre incide sobre el medio esotérico o místico. No encontramos iniciaciones ceremoniales y sabias; sólo el encuentro entre dos hombres: un zapatero y un extranjero que le abrió o reveló la única puerta que conduce al reino del Espíritu.

Brotarán entonces, gracias a tal apertura, todos los conocimientos extraordinarios de este místico, que iluminarán a gran número de individuos y, en particular, a Saint-Martín. De este modo el mensaje del zapatero de Gorlitz guiará su pensamiento, le orientará, le sostendrá en su búsqueda y le abrirá las puertas del más allá del espíritu lejos de los escollos de los filósofos. Punto importante dentro de su doctrina, pues la Sophía se situará en el centro de debate entre múltiples teósofos de este siglo.

Citemos para situar esta idea un fragmento del libro de los Proverbios VIII, 22-23 y 30-31: El Eterno me poseía al comienzo de su actividad. Antes de sus obras más antiguas, ya había sido establecido después de la eternidad. Desde el comienzo, antes del origen de la tierra. [...] Yo estaba en la obra junto con él y hacía diariamente sus delicias, jugando ante él todo el tiempo, jugando sobre la superficie de la tierra y encontrando mis delicias en medio de los seres humanos. Dentro de esta perspectiva Koyré escribe: La sabiduría divina es, por así decir, el plan, el modelo preexistente de la creación. Ella no ha sido creada por sí misma, ella no engendra. Ella no es más que el mundo ideal o su imagen. Un ideal y no una ficción y es, por ello, que posee cierta realidad; representa la armonía de los poderes creativos de Dios.... Boehme escribe: Esta virgen es similar a Dios, su imagen, su Sabiduría en la cual el espíritu se refleja en la cual el Eterno revela sus maravillas....

La Sabiduría divina llamada también Sophia. Verbo eterno. Gloria y Esplendor de Dios, es, entonces, un espejo, un cuarto término que Dios opone para poderse reflejar, realizarse y tomar plena consciencia de sí mismo. En la introducción al Ministerio del Hombre espíritu (Paris, 1802) resume con una impresionante claridad las bases de esta tradición sophiológica occidental, representando lo esencial de la idea que Saint-Martin tuvo de tal noción, siendo este texto de una gran importancia: La naturaleza física y psíquica elemental actual no es más que un residuo y una alteración de una naturaleza anterior, que Boehme llama la eterna naturaleza; [...] esta naturaleza actual que formaba antes el imperio y el trono de uno de los príncipes angélicos, llamado Lucifer, [...] ese príncipe que no quería reinar más que por el poder del fuego y de la cólera y dejar de lado el reino del amor y de la luz divina, que habría debido ser su sola llama, llame a todo el conjunto de su imperio;.[...] la sabiduría divina que opone a este incendio una fortaleza temperante y refrigerante que limita este incendio sin extinguirlo, aquello que hace la mezcla del bien y del mal que existe hoy en día en la naturaleza. El hombre, explica seguidamente Saint-Martín, está en la naturaleza para colocar a Lucifer en la pureza; está formado de fuego, del principio de la luz, y del principio de la quintaesencia de la naturaleza síquica o elementaría. Por lo tanto, se deja atraer por el principio temporal de la naturaleza más que por los dos otros principios, y cae en el sueño y en la materia. [...] Las otras dos tinturas, una ígnea y la otra aquea, que deberían estar reunidas en el hombre e identificarse con la Sabiduría o Sophía -pero que están separadas- se buscan mutuamente con ardor, esperando encontrarse la una con la otra mediante esta Sophía que les falta.

De esta forma, la sabiduría divina se encuentra en un lugar clave, ya que el hombre debe identificarse con ella para reencontrarse con el principio de la luz.

El hombre, descubriendo la ciencia de su propia magnitud, aprende que, apoyándose en una base universal, su Ser intelectual se convierte en el verdadero Templo, que las llamas que le deben iluminar son las luces del pensamiento que le envuelven y le acompañan; que el Sacrificio es su confianza en la existencia necesaria del Principio del orden y de la vida; es esta la persuasión ardiente y fecunda ante la cual la muerte y las tinieblas desaparecen; que los perfumes y las ofrendas son su plegaria, son su deseo y su celo por el reino de la Unidad; que el altar es esta convención eterna fundada sobre su propia emanación y es aquella a la que Dios y el Hombre llegan a advertir, para encontrar el uno su gloria y el otro su felicidad; en una palabra que el fuego destinado a la consumición de los holocaustos, este fuego que nunca se extingue, es aquél de la chispa divina que anima al hombre y que, si se hubiera mantenido fiel a su ley primitiva, lo habría mantenido por siempre como una lámpara brillante emplazada en el trono del Eterno, a fin de iluminar 'los pasos de aquellos que se hubieran alejado; ya que, entonces, el hombre no debe dudar que él hubiera sido el testimonio vivo de la Luz y de la Divinidad.

Esta cita del Tableau Naturel nos conduce más claramente a los rasgos de Saint-Martín. Todos los aspectos visibles y exteriores de las llamas, de los perfumes, de las ofrendas, del altar, son interiorizados. El propósito no consiste en perseguir su conquista por la intermediación de los ritos visibles, sino en comenzar por la vida interior conducente al trono de gloria, donde reside la sede de los hijos de Dios y elevarse seguidamente por la recta vía hasta el Eterno, presente en nosotros. Este propósito fue aquél del Filósofo Desconocido, pero sin convertirse en una especulación pura. Esta se convirtió en una elevación interior mediante la plegaria, el celo y el deseo de la unidad con Dios. Algunas frases del Ministerio del Hombre-espíritu ilustran esto muy bien:

Por una parte, la magnificencia del destino natural del hombre consiste en poder, realmente y radicalmente, apetecer por su deseo la única cosa que puede, realmente y radicalmente, producirlo todo. Esta sola cosa es el deseo de Dios; todas las otras cosas que arrastran al hombre, el hombre no las apetece tanto y él es su esclavo y juguete. Por otro lado, la magnificencia de su ministerio es la de poder, realmente y radicalmente, no actuar más que después del orden positivo a él marcado en todo instante, como maestro a su servidor y esto por la sola autoridad que es justa, buena, consecuente, eficaz y conforme al eterno deseo.

Aquél que siente esta llamada, esta voluntad de hollar el sendero ascendente, deviene de esta forma un hombre de deseo animado de deseo de Dios. Este sendero conducente a la iniciación espiritual deviene, con Saint-Martín, una vía de plegaria y de ascesis, de toda forma independiente de las vías exteriores conocidas en aquella época. No rechaza nada y da igual si en un ritual simbólico una llama encendida no tiene prioridad como soporte mágico, sino que lo que interesa es la manifestación de un estado interior. Ello no impide a Saint-Martín estudiar el universo, de una manera que nos parece hoy en día más moderna, y citaremos algunas frases como prueba: Es incontestable que la materia no existe más que por el movimiento, ya que vemos que cuando los cuerpos son privados de éste, se disuelven y desaparecen insensiblemente. [...] Es evidente que lo que es extinguible no existe más que por un movimiento....

Por una imagen célebre, el universo es, entonces, comparado con un libro: la causa primera o Dios sería el escritor, la naturaleza sería el libro escrito y el hombre el lector. Pero este lector no comprende, o no entiende, frecuentemente el sentido exacto de las páginas del libro. Requiere tener la inteligencia de pacientes meditaciones.

Es absolutamente evidente, hoy en día, para todo el mundo, que Saint-Martin es el inspirador por excelencia de una vía interior como la de Jacob Boehme. También es clásico oponer ésta, como habíamos hecho nosotros, a la vía exterior de Martinez, con el objetivo de rechazarla o desacreditarla. Pero para algunos la práctica mística se limita a la observancia de una vía pasiva, estática, inmovilizadora, calificada de Martinismo de la vía cardiaca. ¿A qué llamamos un inmovilismo místico? Esta práctica o este estado de espíritu consiste, bajo el pretexto de una práctica interior, en contentarse con sufrir los acontecimientos, con confundir plegaria y vigilancia interior con la meditación pasiva y estéril. Creer que se puede, en esta vía, avanzar hacia Dios cultivando tal actitud mental es ciertamente un error. Diríamos lo mismo si habláramos de alguna otra vía. Pero nosotros escribimos aquí de lo que es el Martinismo y no de esta o aquella escuela oriental, que tendrán también un valor innegable.

Los hombres de deseo de los que habla Saint-Martín son hombres de acción, de fuego y no unos fatalistas que toman una actitud fugitiva y condescendiente respecto a la vida y sus circunstancias. No se dejan sumergir por las impresiones o las influencias de lo invisible. Reside en ellos el deseo de Dios, el deseo del conocimiento y de la sabiduría. No se dejan abatir por este océano que son el universo y la vida. El Martinista se alza y avanza hacia el portal. ¿No dice el Evangelio Llamad y se os abrirá?

El hombre de deseo es un hombre de acción, pero no, según la vía de Saint-Martin, un mago. Sin embargo, como acabamos de decir, Saint-Martin no preconiza la vía pasiva, ¡sino la vía interior! Se ha creído a menudo que si la vía era interior se trataba de meditación pasiva, distinta de la acción exterior, vía de Martinez. Ahora bien, no es lo mismo. Fue suficiente apoyarse en la vía del Maestro Philippe de Lyón para realizar aquello que Saint-Martin deseaba. El hombre vuelto hacia sus semejantes los ayuda realmente, en todo momento, no solo mediante los planos invisibles -lo que sería demasiado fácil- sino mediante su presencia efectiva junto a aquellos que sufren. La vía interior se desarrolla con la plegaria, por la oración, por el recogimiento en el propio templo interior.

La vía cardiaca del Filósofo Desconocido es, paradójicamente, una vía que se sitúa tanto en lo visible como en lo invisible. Es una vía de deseo, comprendido como un puro dinamismo, una voluntad.

No es mediante los símbolos rituales ni vestido de blanco como el Superior Desconocido se presentará tanto a los enfermos del cuerpo como a los del alma, sino veladamente, desconocido, actuando mediante el corazón del que habla el lenguaje del amor. No hay ningún rasgo de pasividad en este hombre de deseo que puede elevarse meditando en si mismo las santas escrituras, la vía de los antiguos, buscando la unión con Dios. La acción exterior no será más que la manifestación de un estado interior: buscad el reino de Dios y lo demás se os dará por añadidura....

Así definida, la vía Martinista se descubre bajo una nueva orientación, con una fuerza y un esplendor que está lejos de haber desaparecido, aunque sea para algunos difícil de reconocer. Saint-Martín escribió algunos libros que sería de gran interés estudiar si no fuera porque son aparentemente arduos. Un mensaje, un sentido y una vía están contenidos para aquellos que pueden acceder a la llama que los ilumina. Pero si Saint-Martín nos ha escrito, podíamos haber visto que también ha transmitido dos cartas, y algunas notas, decía Papus; pero también un influjo, una iniciación. Es la apertura de una puerta, aquella que S.I., Superior Inconnu, Servidor Inconnu – que importa el término, la puerta del corazón, que la tradición Martinista ha perpetuado. Apertura sí, pero también transmisión de un espíritu, de una concretización simbólica y además de las dos cartas, de algunas luces suplementarias. El legado de Saint-Martin estaba a salvo. Papus y otros podrían,

80 años después, revelarlo, dándole una forma y un contenido suplementario.

El Martinismo de Papus

No vamos a hacer aquí una nueva y completa biografía de Papus. Para ello, podemos dirigirnos simplemente a las obras editadas sobre este extraordinario personaje, por ejemplo, la introducción del libro A.B.C. ilustrado del ocultismo de Papus, de Ediciones Dangles, donde el hijo de Papus, Philippe Encausse, traza las grandes líneas de la vida de su padre. De una forma más completa podéis dirigiros al libro de Philippe Encausse que está consagrado únicamente a Papus.

Indicamos sencillamente que nació en 1865 en la Coruña (España). De padre francés y de madre originaria de Valladolid, Gerard Encausse pasa su infancia en París. Estudiando medicina se interesa por las ciencias herméticas y sus extraordinarias capacidades le condujeron rápidamente al primer rango de los movimientos ocultistas de su época. Médico, mago y místico, él se avoca enteramente a su misión terrestre hasta su muerte, el 25 de octubre de 1916.

Ante la personalidad de Papus, las opiniones son divergentes y opuestas. Para todos los ocultistas o estudiantes de estas ciencias, es evidente que este hombre fue un genio de estudió, practicó y laboró en el mundo escribiendo una suma considerable de obras que aún son autoridad en la materia. Muy pocos se han sacrificado como él por la obra que había emprendido y su carisma atrajo hacia él investigadores y místicos extraordinarios.

Papus vive en la edad de oro del ocultismo; es el hombre que pretende otorgar carta de nobleza a las ciencias llamadas ocultas. Es el que ha querido hacer de los Martinistas obreros serios y apreciados. Era hombre de acción y de plegaria y que sintetizó y organizó una miríada de corrientes hasta entonces dispersas.

Es, en cierto sentido, el héroe de este periodo de la historia oculta, el hombre al que un gran número de sociedades y de estudiantes deben mucho. Pero si él es el fundador, el héroe -decimos nosotros-, engendró indirectamente todos los defectos. Ciertamente, los hermanos que le rodeaban en aquella época formaban con él un sólido grupo, coherente y activo.

Nada le impedía poner manos a la obra para levantar montañas. El trabajo estaba por hacer y ellos ayudaron a su Maestro y amigo. El despacho de su casa siempre estaba activo con muchos asuntos por tratar. Aplicaban en sus vidas las ideas y la conducta que eran resultado de sus estudios y de su diligencia. Los ritos, los catecismos, estaban por establecer, ellos lo hicieron; pero para ellos no se trataba de un trabajo, una pesada labor. Era, al contrario, la natural consecuencia de su vida de hombres de deseo. Se trataba de trabajar, de buscar la iluminación, para poder guiar a sus hermanos.

Papus, el mejor de ellos, era el guía, el Maestro, el amigo y el hermano. Tales esfuerzos aparecen a menudo, hoy en día, como inútiles o simplemente anticuados. Ciertamente, es más fácil criticar lo que ellos hicieron que hacerse a sí mismo.

Papus va siendo relegado, poco a poco, al rango de antigüedades, en este periodo de ensueño, en el que estudio personal y sintético es aún posible.

Antes de aproximarnos un poco más a la creación y aporte de Papus, veamos qué es lo que él pedía a sus miembros en el apéndice del Ritual de la Orden Martinista, publicado en 1913.

Para el Martinista es inútil entretenerse con divagaciones sobre los estudios psíquicos, mientras que hombres de ciencia, o espíritus positivos, que se inician en el estudio del ocultismo, pasan la mayor parte de su tiempo especulando sobre si los hechos del magnetismo y de la mediumnidad son exactos. En cambio, el Martinismo los considera como adquiridos. Deja, entonces, a los demás las discusiones infantiles sobre la buena fe de los mediums y sobre el trance de tales sujetos; se ocupa de problemas más elevados.

Lo que les falta a los Martinistas es tener una idea general del ocultismo, en sus dos tradiciones principales de Occidente o Cabalística y de Oriente o sánscrito, originarios los dos del antiguo Egipto.

Les falta a los Martinistas unas herramientas positivas de investigación de las ciencias antiguas para poder verificar los nombres propios y las palabras sagradas empleadas.

Estas herramientas son las lenguas sagradas de la antigüedad, o, sobre todo, sus primeros elementos, de forma que se pueda verificar cada término en un diccionario. El Martinista deberá, entonces, estudiar tres alfabetos: 1° O el alfabeto hebreo; 2° el alfabeto Sánscrito y 3° el alfabeto Egipcio.

Una vez en posesión de tales herramientas, será preciso aplicarlas al estudio de la Cábala y del Hermetismo, para estudiar su simbolismo y el de la francmasonería en sus diversos ritos.

Es entonces. cuando el Martinista será capaz de aplicar sus conocimientos para actuar sobre el plan invisible. El misticismo, la teurgia y la psicología deberán atraer especialmente su atención.

Los libros no son más que instrumentos destinados a guiar la meditación cerebral y a preparar la digestión o asimilación intelectual.

Ofrecemos seguidamente un modelo de ciclos de estudio, modelo que podrá ser modificado por cada estudiante y que servirá de guía general. Cada ciclo puede abarcar un mes, si bien todos los estudios pueden ser hechos en 18 meses. Es evidente que cada ciclo puede ser prolongado o disminuido por el estudiante, según la velocidad de comprensión o por sus estudios anteriores.

I

-Historias de las razas humanas, tradición, etc.

-Teoría general y filosofía (Saint-Martín, Saint Yves, etc.)

-Una lengua sagrada: el Hebreo.

-Psicurgia (primeros elementos prácticos)

II

-Historia y simbolismo (sociedades secretas y Masonería);

-La Cábala;

-Una lengua sagrada: el Sánscrito;

-La magia y las adaptaciones (hipnosis, magnetismo, etc.)

III

-Historia de la alquimia y de la Rosa-Cruz (Martinismo);

-Las religiones de Oriente: Budismo, Brahmanismo y Taoísmo.

-Une lengua sagrada: el Egipcio;

IV

-El espiritismo: su transformación desde la Antigüedad; su adaptación.

-Los cultos y su esoterismo en todas las religiones;

-La antigua iniciación en Egipto, la Pirámide y el Templo;

-El hermetismo; la alquimia; la astrología; el arqueómetro;

-La masonería práctica: constitución de un rito; adaptaciones sociales diversas.

Así, en un año, el Martinista es capaz de buscar el significado de las palabras hebreas, sánscritas o egipcias, es iniciado en la historia de la alquimia, de la Francmasonería y de la Rosa+Cruz, así como en las religiones de Oriente y de Occidente.

Como Papus precisa: Es evidente que estos ciclos pueden ser alargados o disminuidos por el estudiante según la velocidad de su comprensión o por sus estudios anteriores. Hoy en día, la amplitud de semejante estudio haría rendirse a la mayoría de los susodichos iniciados. Aunque el programa de estudio puede ser revisado según ciertos desarrollos modernos de las investigaciones, tal esfuerzo es relegado al pasado y a menudo designado como inútil. Veremos más adelante el resultado de tal desinterés, pero digamos de momento que esto ha conducido en nuestros días a una ridiculización de las ciencias ocultas, cuyos susodichos iniciados a menudo no han sido capaces de mantener una conversación coherente e inteligente sobre tales cuestiones.

Es una manera de desacreditar, por su pasividad e incompetencia, los años de esfuerzo y de estudios de sus predecesores. Algunos opinan que no es necesario estudiar para obrar, para ser bueno, generoso y caritativo, en una palabra: en dejar hablar al corazón. La vía Martinista no es una vía de eruditos y sus programas de estudio no son de ninguna utilidad. Nosotros respetamos plenamente esto y nuestras críticas respecto a los esfuerzos para el estudio solo pretenden subrayar la inactividad subyacente. Papus, quién nos ha demostrado la importancia de la vía del estudio, escribió: Un Martinista no es obligatoriamente un erudito o un sabio entregado al estudio de las fuerzas, de las ciencias o de las artes ocultas. Puede [...] ser un activo puro, un sembrador de verdades, un modesto y humilde en la ciencia profana, pero cuyo corazón ha iluminado el cerebro con las prácticas de la devoción y de la caridad.

No es, entonces, erudición lo que pide Papus, sino actividad, resultado del hombre de deseo.

Habiendo de este modo aclarado el parecer de Papus, vamos ahora a hablar sobre su aportación al Martinismo.

Como habíamos afirmado, la historia muestra que él no recibió más que una menuda herencia Martinista. Es a partir de su encuentro con Chaboseau que nace la voluntad de reunir a algunos iniciados Martinistas en una estructura, permitiendo de esta manera, suplir el desorden existente hasta entonces. Con el talento que se le reconocía, Papus atrae a su alrededor brillantes personalidades que formarán el primer consejo de la Orden. Las iniciaciones comenzarán inmediatamente y los cuadernos iniciativos, los catecismos y las bases de estudio vieron la luz. Saint-Martín había desaparecido. Se trataba de que Papus colocara un fundamento que siempre le había faltado al Martinismo. Era conveniente orientar los esfuerzos individuales, canalizarlos, formar un marco alrededor del corazón de la doctrina Martinista. Como Papus era francmasón, él concibió una estructura de tipo masónico para el Martinismo. Otra razón, aun de mayor fuerza, era que el fundador e iniciador de Saint-Martin, Martínez, había comenzado a estructurar su orden según el sistema masónico. Los Martinistas anti-masones de nuestra época (si aún existen) deberían reconocer que Papus dio al corazón del Martinismo un apoyo que dos siglos de estabilidad han demostrado como el más seguro.

También aparecieron las condecoraciones, ritos y catecismos del Martinismo que se les calificará de Papus. Fueron, a nuestro entender, las mayores aportaciones y fundamentos que conoció el Martinismo. Es gracias a esta estructura que esta tradición pudo echar a volar, manteniéndose intacta hasta nuestros días. No creemos, sin embargo, que Papus hubiera colocado las bases de un nuevo sistema masónico. Él no hizo más que tomar lo que era bueno de este sistema y adaptarlo a la doctrina Martinista. Es necesario, antes de conocer el aporte que hizo, algunos detalles respecto a tales estructuras.

El Martinismo organizado por Papus no es una escuela o una clase superior dirigida por los Maestros. Gerard Encausse escribe al respecto: Hay estudiantes, pero todos son iguales frente a la divinidad. Sembrar, enseñar y cultivar, decía Papus, pero para sembrar es preciso haber encontrado la semilla y es sobre ella que va a colocar el acento como aquello que es el corazón del Martinismo.

Sin embargo, sin la aparición de un nuevo personaje nosotros tendríamos, ciertamente, hoy en día, una masonería Martinista o Martinezista como única corriente, pero no ha sido así. Papus conoce al Maestro Philippe de Lyon. Su encuentro fue fundamental, transformando su espíritu e influenciando de una manera duradera su cristianismo, es decir su Martinismo.

Papus escribía al respecto: "Aquél que nuestro corazón añora siempre por las vivas palabras que nos enseña se llamaba el más antiguo espíritu de la tierra; tenía poder especialmente sobre el rayo, que obedecía sus requerimientos y, dominaba también sobre el aire y el agua [...]. Tenía una noción completa de la vida presente en todos sus detalles, de todos los seres terrestres con los cuales se encontraba en relación....

Me ha enseñado a intentar ser bueno, me ha enseñado la tolerancia hacia todos y sobre los defectos de los demás; la necesidad de no maldecir, la absoluta confianza en el Padre, la piedad por el dolor ajeno, en fin, nos ha demostrado que no se puede evolucionar más que participando en los sufrimientos de los demás y no encerrándose en una torre de marfil por temor a perder la pureza y la sabiduría.

He aquí porqué intento cambiar un poco la humanidad, de difundir alrededor de mí algunas ideas que no provienen de mi cerebro y propagar las dos grandes virtudes que nos vienen del Cielo: la Bondad y la Tolerancia.

Es sobre esta tierra donde los seres excepcionales vienen aquí como el salvador y descienden a los infiernos, es decir libre y sin nada que pagar; ellos son los enviados. Durante el curso de nuestra existencia terrestre hemos tenido la suerte de conocer algunos de tales seres y de haberlos tenido como amigos. Todos aquellos que los han conocido se han sorprendido de la irradiación maravillosa que emanaba de ellos. [...]. Serían necesarias páginas y páginas para decir todo aquello que hace un enviado del Padre sobre la tierra. Es un poco de sol sobre la piedra, es un rayo de luz en el egoísmo y la crueldad que nos rodea y ello nos conduce a amar la vida." (Extractos citados por S. Hutin).

Se puede decir que la doctrina Martinista nació de Martínez, se volvió cristiana e interior con Saint-Martín, tomó forma ritual con Papus e inició su obra exterior e invisible gracias a la influencia del Maestro Philippe. El cristianismo Martinista fue, entonces, más acentuado y definido. Devino pues, verdaderamente, una caballería cristiana. La Orden, convertida en sólida y viva emergió sobre la herencia del Filósofo Desconocido como una escuela de caballería moral esforzándose en desarrollar la espiritualidad de sus miembros, tanto por el estudio de un mundo aún desconocido [...] como por el ejercicio de la devoción [...] y por la creación en cada espíritu de una sólida fe. El Martinismo de Papus consistía así en una caballería del altruismo opuesto a la línea egoísta de los apetitos materiales.

3ª PARTE: ASPECTOS DEL MARTINISMO CONTEMPORÁNEO

ORDEN INICIÁTICA Y ESOTÉRICA

El Martinismo es hoy en día aquello que se denomina una Orden iniciática y esotérica. Esto significa que las reuniones no son accesibles a aquellos que no han sido iniciados a sus ritos. La estructura iniciática podría exteriormente ser equivalente a la de la Francmasonería. Sabemos que existen múltiples formas de transmitir los conocimientos: por escrito, oralmente, etc. La iniciación tiene por objetivo transmitir un conocimiento con la ayuda de ritos compuestos de símbolos, de palabras, gestos que despiertan el inconsciente y causan una transformación que el iniciado deberá proseguir. Despertando las emociones, la psique más profunda, la iniciación transforma y transmite realmente un contenido oculto que el iniciado tardará algún tiempo en descubrir. Es una semilla que ha sido sembrada y que germinará si ha sido depositada en una buena tierra y ha sido mantenida durante el suficiente tiempo. Tal transmisión no podría hacerse intelectualmente, porque entonces se dirigiría a una facultad que no corresponde a la dimensión psíquica ligada a lo sagrado. De una forma implícita la iniciación nos dice que el inconsciente, lo imaginario, hacia donde van dirigidos los ritos, no es otra cosa que el sentimiento de sacralidad.

Es, entonces, fácil de comprender tales ritos iniciáticos que han existido desde milenios. Fueron utilizados en las diferentes religiones y culturas para transmitir los conocimientos secretos y sagrados. Se puede hablar entonces de iniciación taoísta, budista, Rosa-Cruz, masónica o Martinista. Pensamos que ninguna es superior a otra, si cada una tiene por ambición el perfeccionar el ser y conducir al descubrimiento de lo sagrado.

Las diferencias residen en el mito que sirve de soporte a este despertar y, evidentemente, en los ritos y sus estructuras. Una gran cantidad de literatura ha popularizado el mito masónico de Hiram. Sin entrar en los detalles de esta tradición, vemos que el objetivo consiste en aprender a conocerse, a perfeccionarse, a hacer morir al viejo hombre para renacer a un mundo nuevo. No existe, sin embargo, en la francmasonería francesa ideología religiosa particular. El esmero es dejado a cada uno de los hermanos o hermanas para expresar lo sagrado y que lo descubran en sí mismos de la forma que consideren conveniente.

No es lo mismo en el Martinismo, donde el mito que sirve de base a los ritos es, a menudo, más próximo a los evangelios y a la Biblia. De la misma forma, para el Martinezismo el mito de la caída del hombre, de la prevaricación de los espíritus rebeldes, es central. El mundo ha caído y el hombre debe reconciliarse con el creador para poder reintegrar el plan divino. Importa poco desarrollar los detalles de la doctrina. Es suficiente saber que debemos, con nuestros esfuerzos individuales, redimirnos y reencontrar el camino del creador.

Los ritos iniciáticos Martinistas nos deben conducir a tomar conciencia de este estado de cosas y a ofrecernos los medios, sean teúrgicos en el caso de Martínez, o místicos en el caso de Saint-Martín.

Los grados y las prácticas Martinistas.

Como habíamos dicho, Saint-Martín solo transmitió una iniciación, la de Superior Desconocido (S.I.). La estructura desarrollada por Martínez era de tipo masónico. Hoy en día, el Martinismo está, generalmente, estructurado según tres grados. Las denominaciones son, sin embargo, diferentes según las Órdenes, pero clásicamente se trata de Asociado (1° grado),

Iniciado (2° grado), Superior Desconocido (3° grado) y un 4° grado, el de Superior Desconocido Libre Iniciador.

No existe un tiempo para pasar de grado, ya que ello depende del grado de madurez del estudiante.

Los procedimientos de iniciación implican una o más entrevistas, destinadas a saber si el espíritu del Martinismo puede convenir al postulante. Seguidamente, es recibido en su primera iniciación.

A parte de los ritos, un grupo Martinista se reúne una o dos veces al mes. La Apertura y la Clausura ritual de la reunión son conducidas por el responsable, asistido en ciertos ritos por algunos hermanos o hermanas, haciendo funciones simplemente simbólicas.

Durante el periodo de trabajo, propiamente dicho, diversas posibilidades son ofrecidas que difieren según las Órdenes o grupos. Unos textos propios de la Orden pueden ser leídos y comentados, algunos trabajos hechos por los miembros pueden ser leídos y discutidos en común. Algunos periodos de plegarias y meditaciones pueden ser guiados por un Superior Desconocido, equilibrando así la dimensión teórica y mística propia de esta corriente.

Las investigaciones de los miembros, leídas durante los trabajos de grupo, tienen por objetivo permitir un trabajo y una reflexión individual sobre algún motivo simbólico particular o sobre alguna cuestión que es objeto de las preocupaciones de los participantes. Os ofrecemos algunos ejemplos de trabajos en el anexo, para que tengáis una idea sobre qué tipo de trabajos de reflexión son elaborados. Es, por ejemplo, posible reflexionar sobre el simbolismo de la espada y destacar los elementos que pueden incidir en una mayor comprensión del ritual y, por extensión, de ciertos elementos de la personalidad y de la psique. De una forma más explícita, los trabajos sobre los Maestros del pasado, sobre el amor o sobre el rol de la mujer dentro de la tradición esotérica permiten echar una mirada más amplia sobre el mundo en el cual vivimos. En todos los casos las reflexiones teóricas o simbólicas son convenientes para el iniciado y reflejan su comprensión personal. ¿cómo podría ser de otra manera? Estos trabajos no son, entonces, la última palabra sobre el Martinismo. Para poder hablar en el nombre de la tradición, sería necesario considerar las etapas de la iniciación.

En los casos de otras Órdenes Martinistas, un conjunto de prácticas tanto místicas como teúrgicas se transmite a los hermanos y hermanas que pueden ponerlas en práctica, tanto en grupo como en su oratorio personal. Encontraréis algunos ejemplos en la parte práctica. El objetivo consiste en dar unos elementos realmente operativos que puedan ayudar al recién iniciado a avanzar en el camino. Las oraciones, las plegarias y los ritos individuales son instrumentos muy útiles. Las reuniones de grupo tomarán entonces un vigor y tendrán el mismo impacto y fuerza, a medida que las prácticas individuales sean frecuentes. He aquí un verdadero proceso de impregnáncia que va a vivificar cada día el psiquismo inconsciente del practicante hasta convertirlo en extremadamente sensible al ritual y las energías presentes en este tipo de trabajo. No creemos que sea suficiente asistir a los ritos de las reuniones Martinistas para avanzar realmente en la vía. El trabajo individual es una necesidad para aquél que no desea depender únicamente del grupo al que pertenece.

LOS SÍMBOLOS

Evidentemente, existe un cierto número de símbolos que son propios de esta tradición y que constituyen su fundamento, el depósito sagrado. Son los soportes del trabajo simbólico y deben encontrarse en la base de los ritos que pudieran ser constituidos o escritos, como fue el caso de los siglos pasados. Los cuadernos de la Orden dicen en el primer grado, sobre el tema de los símbolos:

[...] Los primeros objetos que se presentan a los ojos del profano habían sido dispuestos en un orden particular y hacían referencia a ciertos aspectos destinados a hacerle comprender la existencia del simbolismo.

Los símbolos forman el fondo de la enseñanza y algunos de ellos son absolutamente indispensables; ningún iniciador puede evitar el presentarlos, aunque pueda atrasar este desarrollo lo que él juzgue conveniente. Los símbolos indispensables son:

-Las tres luces y su triple disposición jerárquica;

-La máscara;

-La capa del Iniciado. [...]

Podríamos añadir: la espada, los tres colores simbólicos negro, blanco y rojo, el sello de los S∴ I∴ y ciertos elementos propios de las iniciaciones que deben ser descubiertos por el iniciado. Encontraréis estos elementos en cada uno de los ritos de esta tradición, sea cual sea la Escuela Martinista.

Los Grandes Maestros

Como lo descubrirán aquellos que se interesen en la iniciación occidental, las Órdenes iniciáticas son generalmente dirigidas por un Colegio y un Gran Maestro. Es el caso del Martinismo. Sin entrar en complejos desarrollos, decimos que el Gran Maestro es un Superior Desconocido Libre Iniciador que, reconocido por su experiencia y sus conocimientos, será revestido con los cargos y responsabilidades de la dirección y orientación de la Orden. Se trata de una dirección temporal y espiritual. Es depositario a la vez de la herencia y el porvenir de la Orden. Se trata de una dirección temporal y espiritual. Es depositario a la vez de la herencia y del porvenir de la Orden. Al mismo tiempo se convierte en su depositario, ya que está asociado a la autoridad de la Orden y de su destino. Ello implica que un Gran Maestro no podrá transmitir su cargo más que a un solo individuo y de una forma definitiva. Existe dentro del Martinismo una cierta creencia en la realidad invisible de un poder, de un depósito que se transmite de Gran Maestro a Gran Maestro. Se imagina uno la dificultad de elegir a quien lo debe transmitir. Añadamos para terminar que a diferencia de la Franco-Masonería, la función de Gran Maestro no está limitada en el tiempo y no depende de ningún voto. Ella es, en principio, Ad Vitam, pero en realidad el Gran Maestro conserva su función hasta que decide él mismo transmitir su cargo.

El Templo Martinista

El lugar en el cual los Martinistas se reúnen es llamado con diversos nombres: Logia, Templo, lugar de reunión, etc. Evidentemente, existen matices diferentes en cada uno de estos nombres. Si dejamos de lado los calificativos del grupo mismo, podemos interesarnos sobre el lugar de reunión.

En la época de Martínez de Pasqually, una habitación de gran superficie era requisito para poder llevar a cabo las operaciones.

En efecto, un cierto número de signos, círculos, símbolos, debían trazarse en el suelo. Además, numerosas luminarias debían estar emplazadas en ciertos puntos precisos de estas figuras. Lo mismo sucedía con las operaciones teúrgicas de grupo. Respecto a las reuniones propiamente masónicas de los Elus Cohens, el arreglo del local no se distinguía mucho del de los otros masónicos.

En la época de Papus, el decorado del templo era al comienzo de los más sencillos. Un simple lugar en el cual a mesa cubierta de un mantel servía de altar. Sobre el muro de Oriente el Pentáculo Martinista. El Presidente del grupo se colocaba detrás del altar y presidía los trabajos.

Algo más tarde, los rituales de la Orden Martinista, diseñados por Teder, proveían un decorado mucho más importante y se asemejaba al decorado masónico. El templo estaba dividido en varios espacios. Según los grados sobre los que se trabajaba, se colocaban adornos de diferentes colores unos símbolos eran mostrados o velados, etc.

Según los ritos practicados, las Órdenes contemporáneas se sujetan a tal o cual decorado específico. El decorado justifica la utilización de un templo instalado en una habitación consagrada exclusivamente a estas actividades. En otros casos de ritos menos complejos, las reuniones se celebran en casa de particulares, que acondicionan la habitación para la ocasión y la desinstalan después. En estos casos, existen ritos simples de purificación y consagración de la habitación, ejecutados antes de la reunión.

Efectivamente, el templo es considerado como un espacio sagrado, dentro del cual quien no ha sido iniciado no tiene acceso. Los diferentes símbolos son elementos que se corresponden a unos conceptos e ideas, que desarrollan tal o cual idea de la tradición Martinista.

Se encuentra a menudo el Pentáculo Martinista, el retrato de Louis Claude de Saint-Martín, el altar sobre el que se encuentra el mantel triangular con los tres colores: negro, blanco y rojo, la butaca de los Maestros del pasado recubierta del mantel blanco, la antorcha de los Maestros del pasado, la Biblia, el mazo, la máscara, etc.

La egrégora y los Maestros del pasado

Los dos últimos puntos que quisiéramos evocar aquí son aquellos de la egrégora Martinista y de los Maestros del pasado. La idea común consiste en decir que los individuos que se reúnen para cumplir un rito generan una energía superior a la de uno solo. La palabra energía encubre algo de carácter indefinido que hace referencia al ambiente, a la dinámica de grupo, a la emoción del ambiente, etc. En una palabra, la energía corresponde a todo aquello que es difícil de nombrar y que constituye la parte invisible de un momento ritual correspondiente a varios individuos. Uno se da cuenta que el rito y la tradición desprenden un ambiente específico. Se acostumbra a denominarla la egrégora. Pero se asocia a esta palabra una creencia, consistente en ampliar la egrégora a las energías del grupo entero, más al de la Orden misma y aun, a veces, a una Iglesia, cristiana, por ejemplo. Los Maestros del pasado de la tradición son los individuos más importantes que han contribuido por us obra al desarrollo y enriquecimiento de la Orden. Su imprenta está inscrita de manera indeleble en la tradición. Pero este rasgo existe tanto de forma visible como invisible y contribuye entonces a la energía y fuerza oculta de la Orden. Una parte importante y propria del Martinismo consiste en colocar los trabajos bajo su protección e invocados realmente en la asamblea. Daremos en el anexo un ejemplo de trabajo de reflexión sobre este punto

El Martinismo y la Iglesia Gnóstica

Desde los inicios del Martinismo de Papus, la noción de Iglesia oculta e invisible se ha convertido en uno de los aspectos de esta tradición. No se trata de confundir los ritos, la iniciación y la tradición Martinista con aquellos de una iglesia cualquiera. Pero debemos remarcar que los responsables de las Ordenes Martinistas recibían generalmente, una consagración episcopal válida según varias líneas de sucesión apostólica, como aquella de la Iglesia llamada Gnóstica, fundada por Jules Doinel en 1892. Ella fue estructurada en gran parte por Jules Doniel y por Johnannes Bricaud, que fue el Obispo Prior, al mismo tiempo que responsable de la Orden Martinista de la época.

Según un texto de presentación de esta iglesia el gnosticismo es una doctrina filosófica y tradicional, tan antigua como la humanidad, una moral, un culto, que son una religión universal. Enseñada y practicada en todos los misterios de la antigüedad y en muchas sociedades secretas u ocultas de la Edad Media y de los tiempos modernos, [...] tiene por objetivo restituir a la humanidad su unidad religiosa primitiva, rechazando los errores religiosos surgidos de las diferentes religiones, y de trabajar por el perfeccionamiento intelectual, moral y social.

El gnosticismo no pretende imponerse a las conciencias, ni por la fuerza del poder civil o militar, ni por vanas amenazas de castigos post-mortem, ni por falaces promesas de recompensas futuras. Basado, de una parte, sobre la tradición universal y no solamente sobre la tradición Hebrea de la Biblia y, por otra parte, sobre la filosofía y la ciencia moderna, sus verdades no se presentan como objeto de fe, sino como objetos de demostración, filosófica y científica; no se clama más que a la razón, que es la misma para todos los hombres. Se admite, entonces, la libertad absoluta de conciencia y de examen en cada uno de todos los hombres que son capaces y exige de sus miembros la tolerancia para todos aquellos que no piensan como ellos.

Esta Iglesia perdura en el Martinismo hasta hoy en día, pero sin conservar los ritos, muy complejos, elaborados en época de Doinel. No pensamos que podamos hablar realmente aun de la Iglesia Gnóstica en el sentido original, sino de una dimensión religiosa y sacerdotal presente en todos los altos grados de las estructuras Martinistas. Es el caso, por ejemplo, de la OMI, de la OMCC y de la OMSI. Tendremos la ocasión de volver a tratar este aspecto de la tradición, así como de la gnosis en otra obra semejante, con los textos más importantes de Bricaud. Precisamos, para terminar, que, si bien este aspecto sacerdotal es muy importante en la vía Martinista, se funda sobre aquello que se ha acostumbrado en llamar la Iglesia invisible, que no debe ser confundida con las estructuras exteriores y temporales.

Las desviaciones del Martinismo

El Martinismo contemporáneo, ¿no está exento de defectos o de problemas como los tiene toda estructura humana?

Es importante que ciertos aspectos sean tratados aquí, tanto para los Martinistas como para los futuros iniciados. Es preciso que puedan saber aquello a lo que es preciso poner atención, para no dejarse engañar por interpretaciones que no son propiamente Martinistas. Debemos hablar sobre el Martinismo mismo y decir algo sobre sus defectos. Su grandeza y la importancia de su rol implican que deben reducirse al máximo.

El Martinismo contemporáneo, ¿puede ser clasificado dentro de, lo que podríamos denominar hoy en día, las corrientes esotéricas? Se podría, en consecuencia, creer que se va uno a encontrar en el seno de estas órdenes una especie de élite de la humanidad, un conjunto de individuos preocupados por la perfección moral y por servir. Ahora bien, es preciso reconocer que existe, allí como en otros lugares, un cierto número de individuos más preocupados por las pasiones humanas que por la virtud. Seguramente, una cierta tendencia a desmarcarse respecto al mundo profano, a basarse frecuentemente en unas doctrinas específicas, hace que se desarrolle una incapacidad para expresar en hechos las fórmulas estereotipadas enseñadas por la Orden.

Para otros, el escollo en el sendero será el orgullo, el de ser iniciado, de conocer los secretos que ignoran los demás, los aspectos de la vida que el profano desconoce. ¡El acento será puesto sobre el secreto, el falso secreto, aquel que se muestra!

La división

Tras la primera Orden de Papus, la tradición Martinista se ha dividido y se encuentra hoy en día en una aparente división.

Cierto número de Órdenes se consideran como las auténticas y quieren de vez en cuando hasta llegar a los tribunales, abiertamente o no, para demostrar la ilegitimidad de sus competidores. Aunque no lleguen a esto, los suyos llegan a discutir el valor de las otras enseñanzas y hasta omitir el explicar a sus nuevos iniciados una línea histórica clara y general implicando a todas las corrientes. El resultado de esto es un estrechamiento del campo de comprensión de los estudiantes Martinistas que, teniendo total confianza en sus iniciadores ignoran a los demás Martinistas. ¿Cuántas veces nos hemos encontrado en casos en los que se ignoraban hasta la existencia de las otras ordenes? Aunque pueda parecer una cosa sin importancia, revela un fallo real respecto a la unidad de pensamiento y del objetivo de la tradición. El Martinista es hoy en día un Martinista de Papus, Martinista de la Orden Martinista Tradicional, Martinista sinárquico, Martinista etc., antes de ser simplemente Martinista. Todo ello lleva al riesgo de conducirnos a una forma de sectarismo, en vez de constituir una corriente única y respetable en la diversidad de las interpretaciones como es el caso de la Francmasonería. La única forma, a mi humilde entender, de evitar estas trabas, consiste en presentar a los estudiantes una historia completa de la tradición precisando claramente las diferencias entre la Orden que les es propia y las demás. Convendría, además, introducir en el seno del Martinismo la posibilidad de visitar a otros grupos trabajando en otras corrientes. Esta costumbre de las visitas es, desde un largo periodo, un hecho dentro de la francmasonería sin que ello perjudique a la calidad de los trabajos.

La enseñanza

Respecto al método de enseñanza propiamente dicho, nadie desde Martínez a Papus pasando por Saint-Martín ha preconizado un sistema idéntico. Nuestros maestros conocían bien los peligros. Su método de trabajo consistía en proponer una trama de estudios sobre la cual el alumno debía trabajar.

Seguidamente venía el momento de exponer sus ideas a sus hermanos, para discutir después ciertos aspectos. Solo este método podía permitir hacer avanzar sobre una vía evitando el dogmatismo o el adoctrinamiento. En la Franco-masonería, es el método de las Planchas o informes. Ello no significa que no exista el estudio y la utilización de los catecismos o instrucciones. Ciertas Órdenes actuales ofrecen a sus miembros textos escritos por tal o cual Maestro de la Orden. Leídos a sus miembros, estos estudios son a veces presentados como las enseñanzas estrictamente Martinistas, lo que hace que los miembros puedan a veces alejarse de la verdadera enseñanza.

Martinezismo y Martinismo

Otro aspecto a subrayar es la ambigüedad a veces sabiamente entremezclada entre Martinismo y Martinezismo. Sin desvelar los ritos exactos de Martínez -que están, sin embargo, hoy en día, publicados- se pretende subrayar la importancia de un retorno a las fuentes del Martinismo, es decir rehabilitar el sistema de Martínez y la práctica de su magia.

Aun con el riesgo de incomodar, conviene atraer la atención del investigador sobre los textos estudiados o leídos sin prejuicios. Será fácil entonces darse cuenta de que este sistema es polvoriento y arcaico. No tiene punto de comparación con la claridad de las vías teúrgicas y filosóficas herméticas

¿Creéis que Saint-Martín hubiera querido seguir la vía de Martínez? ¿creéis que Papus haya querido hacer magia en el seno del Martinismo? No, es evidente. El Martinismo no es la vía exterior de Martínez, aún menos aquella de la Rosa+Cruz alemana o de la Golden Dawn, aun no estando en contradicción con esta última. Se ha convertido en una filosofía de vida más simple, más clara.

Orientalismo y exotismo

Como lo hemos demostrado, Papus ha aportado un gran número de cosas al Martinismo. Pero no todo lo que ha aportado ha dado buenos resultados. Estaba de moda en su tiempo interesarse en el orientalismo. Las sociedades iniciáticas venidas de oriente florecían, los maestros del Tibet hacían su aparición mientras que la sociedad teosófica conocía su época dorada. Presentes en el programa de estudio de Papus, los conocimientos orientales formaban parte de los conocimientos de base necesarios, pero no estaban fundamentados en el trabajo y en la filosofía Martinista. Ahora bien, es preciso reconocer que hoy en día las concepciones orientales son tan utilizadas como los conocimientos occidentales. Además, las confusiones importantes están en los puntos fundamentales, deformando no solo las aportaciones orientales sino, también, los conocimientos occidentales.

Podemos citar aquí, por ejemplo, la cuestión de la reencarnación. ¡Esta teoría, muy atractiva, devino poco a poco una evidencia que no era necesario discutir! Las teorías cristianas fueron despreciadas como arcaicas. Los estudiantes, en cierta medida, fueron sesgados. Si su trabajo no es suficiente, otras existencias habrá para suplir la deficiencia. También aparecen los obstáculos y el Karma, mal comprendidos por otra parte, convirtiéndose en tema indiscutible.

Ahora bien, muchos Martinistas se han sorprendido al conocer que Martínez y Saint-Martín, que conocían tales teorías, no las aprobaban. Esto parece tan increíble a la mayoría que citamos aquí una carta de Saint-Martín presentada por A. Faivre:

Kirchberger criticó a Lavater, que creía de buena fe en todas las fantasías de la Escuela del Norte: el pastor es persuadido de que San Juan vivía aún con ellos corporalmente y que haría un viaje a Zurich para visitarle. Le Bernois no admitió esta posibilidad, de que San Juan fuera a visitar a Lavater: ¡Juzgad por lo que son! (K en SM 30.04.94) Esta idea del apóstol viajando por el mundo está curiosamente ligada a la de la reencarnación, que es un argumento de fe para los miembros de esta secta, pero que ni Saint-Martín, ni Lavater, ni Kirchberger pueden aceptar (K en SM 24.12.93).

La opinión del teósofo de Amboise es interesante:

Sistema que no falta nunca en ser enseñado en las escuelas inferiores y que es apropiado para los sonámbulos, pero que no conviene a ninguno de los grandes principios de la profunda teoría espiritual divina, al menos que llaméis metempsicosis al posible retorno de los grandes elegidos de Dios, tales como Enoch, Moisés, Elías, etc., que pueden aparecer en diferentes épocas, para constatar y contribuir sensiblemente al avance de la Gran Obra, para que el Bien fluya siempre por los canales que él ha escogido. Pero el mal, saliendo de este mundo, encuentra nuevas regiones más vivas que la tierra, y que nos purifican o nos mancillan más todavía. De forma que las pruebas terrestres no podrían ser suficientes para el grado en el que nos encontramos; esto es lo que me determina a rechazar esta especie de metempsicosis, que me parecer ser solo un reflejo de diversas facultades semejantes a aquellas de la raza astral, habiéndosenos hecho creer en ellas. Los nombres y las diferentes decoraciones del vestuario de teatro no le son propias al actor que las vista, más que para el momento de la obra.

Esto ilustra muy bien las posibles deformaciones de las que hemos hablado y que pueden parecer hacer incomprensibles los conocimientos transmitidos por la tradición.

Comprendemos muy bien de que no se trata de decir que la reencarnación no es una realidad, sino simplemente de no desfigurar lo que los Maestros del pasado pensaban o decían.

Este exotismo del pensamiento invade el discurso mismo. Como muchas otras corrientes, el Martinismo transformó los centros del cuerpo en chacras; la ley de causa y efecto en karma, etc. Los estados de conciencia devienen en los planos monádicos y búdicos, en vez de en planos crísticos. El Cristianismo, base del Martinismo, se encuentra entonces desfigurado y deviene casi incomprensible.

LA ILUSIÓN MÍSTICA

Otra traba característica consiste en considerarse, poco a poco, como superior a la religión y al mundo. Ciertos esoteristas y Martinistas, iniciados en el conocimiento de las cosas ocultas, se convierten naturalmente en diferentes a los profanos. Ellos saben, los otros ignoran; ellos están despiertos, los otros duermen; ellos son la luz, los otros las tinieblas.

Es común defenderse de tal actitud, pero es suficiente intentar explicar estas sabias teorías a los hombres valientes que jamás han entendido nada en toda su vida. Comprendemos, entonces, la importancia de las palabras de la Imitación de Jesucristo:

Todo hombre desea naturalmente saber, pero la ciencia sin el temor de Dios, ¿de qué vale?

Un humilde paisano que sirve a Dios está seguramente por encima de la soberbia filosofía del que, descuidándose de sí mismo, considera el curso de los astros. Aquél que se conoce bien se desprecia y no se inmuta ante las loanzas de los hombres.

¿De qué me sirve poseer toda la ciencia del mundo, si no tengo caridad?

Aunque ello no implica, sin embargo, que debamos descuidar el estudio y la reflexión, sino simplemente que las adquisiciones teóricas no nos separen del mundo en el cual vivimos y de todos nuestros hermanos humanos.

4ª Parte: El corazón secreto del Martinismo

Podríamos decir que estos errores minusvaloran el trabajo Martinista y que éste no es útil. Ahora bien, paradójicamente este no es el caso. No existen crisis de vocación Martinista, sino al contrario, es justamente en la paradoja donde surgen las cuestiones que planteamos al inicio de esta investigación. Los portales del Martinismo se abren todos los días para admitir a nuevos miembros. El hecho que esto sea así demuestra que el verdadero Martinismo está más allá de las estructuras que solo nos muestran la corteza. Encontramos la clave en un texto de Saint-Martín.

El cristianismo es la religión de la fraternidad y de la libertad [...]. El cristianismo se extiende por toda la tierra igual que el espíritu de Dios [...]. Lleva nuestra fe hasta la región luminosa de la Eterna palabra divina [...]. El cristianismo dilata y extiende el uso de nuestras facultades intelectuales [...] Nos muestra a Dios al descubierto en el seno de nuestro ser sin el socorro de las formas y de las fórmulas [...]. El cristianismo no es ninguna secta ya que abarca a toda la unidad y la unidad siendo única no puede ser dividida de ella misma[...].

Saint-Martín explica claramente lo que es la base del Martinismo, aquello que hace real su unidad, es el Cristianismo. No es la doctrina absoluta, sino simplemente es la del Martinismo. La vía interior es, entonces, aquella del cristianismo, que no hay que confundir con el catolicismo, que es uno de los aspectos exteriores. Saint-Martín nos lo dice bien cuando escribe: El catolicismo no es más que el seminario del cristianismo [...]. El catolicismo no llena más que una parte de la totalidad [...]. El catolicismo nos abandona para que nosotros mismos encontremos a Dios sin el aparato de las ceremonias [...].

De este modo nos parece que el Martinismo es esencialmente cristiano, porque está en el fondo de la religión cristiana, independiente de toda forma cultural, per es católico en el sentido de la forma exterior. Nos es preciso ver, entonces, lo que nos dice al respeto Papus. En su artículo titulado Acerca del Martinismo escribe La Orden Martinista es un centro activo de difusión iniciática (...) constituido para propagar las líneas de la tradición cristiana (...). El tercer carácter del Martinismo es el de ser cristiano. El Martinismo defienda la acción de Cristo. El Martinista es el "caballero de la idealidad cristiana". Mediante la enseñanza oral de la tradición occidental cristiana pone a punto al alma para percibir la vivificante acción del Verbo Divino del Cristo glorioso..."

Se puede ver en estos extractos de los dos fundadores de la Orden que la base y la unidad del Martinismo se encuentran en el hecho en el cristianismo. Esto puede parecer evidente para algunos, pero hay que saber que la mayoría de las órdenes actuales han tomado prestado este aspecto para hacer de los místicos algo "políticamente correctos". Ahora bien, el Martinismo, no teniendo para sí mismo el rol de la práctica de la tradición esotérica occidental y cristiana, le corresponde no traicionar esta herencia. La llamada Martinista es, entonces, el deseo de descubrir la tradición originaria de los misterios cristianos. Es la llamada que sienten todos aquellos que desean atravesar la corteza del catolicismo, para penetrar en vía de los misterios e iniciarse en aquello que no representa gran cosa a los ojos de muchos y tampoco para la mayoría del clero. Son, por ejemplo, las bendiciones, los exorcismos, los sacramentos, los símbolos de la religión exterior los que son tomados como supersticiones, tomados como cosas exóticas. Ahora bien, el Martinismo es la escuela que nos permite pasar al otro lado del espejo de este asunto. Un texto dice "que nuestro principal estudio consiste en meditar la vía de Jesucristo (…) Pero ocurre que muchos, a fuerza de escuchar el evangelio, se han pedido el espíritu de Jesucristo. ¿Queréis comprender perfectamente y apreciar las palabras de Jesucristo? Aplicaos a conformar vuestra vida a la suya."

Parecería que leyéramos a Saint-Martin y es "La imitación de Jesucristo" la que se expresa así. Es, entonces, una llamada hacia esta tradición única la que sienten aquellos que se dirigen hacia el Martinismo. Papus escribió "Por la enseñanza oral de la tradición occidental cristiana.

Aquel se dirige hacia el Martinismo no es necesariamente un futuro católico practicante. Es lo que nosotros decimos, que ha sido llamado por el corazón y no por la corteza. Existe en el Martinismo, en el cristianismo, una enseñanza oral perpetuada hasta nuestros días. No una enseñanza dogmática contra la cual nos ponemos en guardia, sino una señal que nos permite aprender la esencia de esta tradición occidental. Para poder penetrar estos misterios, el Martinista penetra en el corazón de occidente, se oculta y desaparece a los ojos de los hombres. Se convierte en desconocido y es esa una de las más representativas características de esta vía. El estudio puede seguidamente hacerse por ritos simples e importantes. Saint-Martín no ha negado jamás su importancia si bien se puso en guardia contra el rito mágico, explicando que esa no era la vía del Martinismo. Papus nos ha ofrecido ritos simples, claros e inspiradores y nos toca a nosotros no deformar los símbolos y las estructuras que forman parte de ellos. Los Martinistas, tanto en que colegio cerrado, deben encontrarse para compartir su experiencia, su investigación, su búsqueda y sus trabajos. Es preciso el rito, no obstante, para que los intercambios no se conviertan en simples clubes de cháchalas. La imitación de Jesucristo dice: evitad también ser el tumulto del mundo; porque existe peligro de entretenerse con las cosas de este siglo, aunque sea con pura intención. Muy pronto la vanidad emerge en el alma y la cautiva[..]. Lo que nosotros buscamos en estos entretenimientos es u · consuelo mutuo y un alivio para nuestro corazón fatigad por pensamientos diversos [...]. Si está permitido, conviene hablar; hablad sobre aquello que se pueda llevar a cabo[...]. Piadosas conferencias sobre los asuntos espirituales, entre personas unidas según Dios y animadas por un mismo espíritu sirven de mucho al progreso hacia la perfección.

Y es correcto en este sentido lo que nosotros consideramos el estudio del grupo Martinista, iniciándose en los misterios cristianos. Papus ha recibido, no lo olvidemos, dos cartas de S. I. Algunos dirán Superior Desconocido, otros Servidor Desconocido que sería más humilde y completaría con mayor justicia el primer título. Conviene, efectivamente, no olvidar que el Martinista es un activo hombre de deseo. Debe actuar no solo para sí mismo, sino también ayuda a sus hermanos aún extraviados. Esta ayuda es hecha en el invisible por el estudio de la vía occidental pero también y sobre todo en el visible, con ayudas concretas. Puede ser, según palabras de Papus: un sembrador de verdades, un modesto y un humilde cuyo corazón ha iluminado el cerebro por la práctica de la devoción y de la caridad....

La característica del Martinismo es la de actuar sobre todos los planos, pero veladamente, desconocido a los ojos del mundo.

Que sea por la visita a los enfermos, por la ayuda social, por la ayuda a amigos o desconocidos perturbados, perdidos. En cualquier dominio en el que se desenvuelva el Martinista actúa esta "etiqueta", que debe permanecer oculta. Si es religioso, actúa en tanto que religioso, si es médico, en tanto que es médico, si es operario, actúa en tanto que operario, pero ante todo es Martinista.

Debe ayudar a sus hermanos por el servicio concreto de conducir los hombres hacia Dios, al descubrimiento del principio divino. Su objetivo no es conducir a las personas hacia el esoterismo y a su Orden. Es el de servir al cristianismo y guiar a sus hermanos perdidos hacia la luz de Cristo que ellos han olvidado. Si descubren en alguien la llamada, lo guiará después para ser probado. Sin embargo, este deseo vendrá del otro y no será suscitado por el Martinista, que, actuando bajo el orgullo, dejaría de ser cristiano e iniciado.

Si el Martinismo comprende la acción de iniciados ocultos para ayudar a los hombres en su vida cotidiana y conducirlos hacia Dios, ¿porqué el Cristianismo?

Proveniente de Martínez y de Saint-Martín el Martinismo tiene un depósito sagrado que cada uno de los hermanos descubre mediante su estudio. Hacer un misterio de este tesoro es inútil, ya que nosotros lo hemos desvelado ya; es el guardián de la unidad del cristianismo y de su comprensión. Vela en secreto la salvaguardia de esta rica tradición occidental a fin de que nadie pueda atentar contra ella.

Cuando la Iglesia exterior se debilite o disipe su tesoro, el Martinismo estará allí para perpetuar sus riquezas. Es la garantía de esta tradición que, accesible a todos, puede también ser estropeada. El clero es la acción visible del cristianismo, que el Martinismo es la acción invisible. Existe en ello un deber y no uno de los menores. Se comprende la responsabilidad que deberán asumir aquellos que olviden nuestro depósito tradicional, mientras son los depositarios tal vez inconscientes. Si existe, como lo afirmamos, un depósito, existe también una transmisión, sucesión de Maestro a discípulo después de los fundadores. Saint Martin solo ha transmitido una iniciación, aquella de S.I. Para él la puerta se abría una vez y esto era suficiente. Papus organiza muchos grados, pero deja la verdadera iniciación para el S.I.

A través de ella la corriente puede descender en nosotros y aclarar nuestro ser que va a aproximarse al ideal y al servicio Martinista.

Concluyendo, en un texto de 1899 Papus escribía: "Cada calumnia es una victoria futura; acusados de ser diablos por unos, clérigos por otros y de magos negros o locos por la galería, permanecemos simplemente como Caballeros fervientes de Cristo, enemigos de la violencia y de la venganza, sinárquicos resolutos, opuestos a toda anarquía en lo alto o en lo bajo, en una palabra: Martinistas, como lo han sido nuestros gloriosos ancestros Martínez de Pasqually, Louis Claude de Saint-Martin y Willermoz".

Pobres, estos descarados sembradores, algunas veces en zuecos, echando la semilla de las verdades simbólicas al vuelo en la tierra profana y ocultándose seguidamente en su capa, entrando de nuevo en el silencio y en lo desconocido".

5ª Parte: Rituales y Prácticas

Sería interesante basarse en un estudio comparado de los diversos ritos Martinistas después de la aparición de la Orden, pero este estudio nos conduciría fuera del marco que nos hemos propuesto. Nos contentaremos, entonces, con dar algunos elementos básicos destinados a haceros percibir lo que puede ser un ritual Martinista.

El primer documento que vamos a reproducir es el rito más sencillo de reunión Martinista y también es el más antiguo. Data de la reactivación de la Orden por Papus. Será seguidamente muy aumentado y desarrollado conservando, como lo hemos dicho en el capítulo precedente, los elementos simbólicos propios de esta tradición.

Rito Martinista de 1897

APERTURA SIMPLE

Filósofo Desconocido: Hermano Asociado, ¿qué hora es?

Hermano Asociado: El Oriente se ilumina... el sol se alza. El ojo del mundo se va a abrir, aparecerá la verdad.

Hermano Iniciado: ¿El Sol se oscurecerá para los profanos? ¿Refutará el calor y la vida a los ignorantes? ¿No repartirá sus influencias benefactoras a los malvados?

Hermano Iniciado: Manifestación visible del centro invisible de toda vida y de toda luz, el Sol no rehúsa sus influencias astrales a nadie, y toda criatura recibe un rayo de la divina sustancia.

Filósofo Desconocido: ¿Porqué, Oh, hermano mío la Verdad no se habría de manifestar? ¿Porqué rehusaríamos hacer partícipes de su influencia al hombre de deseo?

Hermano Asociado: El Sol se alza. ¡Que los velos caigan como se disipan las sombras de la noche! (A).

Filósofo Desconocido: Da 3 golpes lentamente...

Hermano Asociado: Da 3 golpes lentamente...

Hermano Iniciado: Da un golpe.

CLAUSURA DE LOS TRABAJOS

Filósofo Desconocido: Da 3 golpes lentamente

(Los hermanos se levantan).

Hermano Asociado: Da 3 golpes lentamente.

Hermano Iniciado: Da un golpe lento. (B)

Filósofo Desconocido: Oh, hombres regenerados, Oh vosotros que manifestáis en el invisible la encarnación divina, Oh, Maestros de Oriente y de Occidente, os agradecemos el haber venido a presidir nuestro acto. Que nuestra alegría, fuerte ante todos nuestros dolores imante nuestra operación hacia vuestra astralidad.

Hermano Asociado: Oh, Dios hecho Hombre, Oh, Ieschouah nuestro guía! Oh, Crucificado en el Invisible Sol, asiste con tus emanaciones vivificantes nuestra obra de luz y de redención.

Hermano Iniciado: En el nombre de Iod-He-Shin-Vau-He.

Hermano Asociado: Por INRI. Amén.

Filósofo Desconocido: Juntos mis hermanos:

El signo (Todos los hermanos lo hacen).

Los toques.

Filósofo Desconocido: Da 3 golpes lentamente...

Hermano Asociado: Da 3 golpes lentamente...

Hermano Iniciado: Da un golpe.

Filósofo Desconocido: A la gloria de IESHOUAH, Gran Arquitecto del Universo, bajo los auspicios del Filósofo Desconocido, nuestro Venerable Maestro, los trabajos de la............ N°................ se suspenden momentáneamente y durante el tiempo que nos separe del reinicio de nuestros trabajos, nos comportaremos, hermanos míos, con prudencia y discreción.

(Un golpe)

Algunos años más tarde, en 1913, se desarrollaron nuevos rituales con formas masónicas, que fueron publicados y firmados por Papus, Presidente del Consejo Supremo y Gran Maestro de la Orden.

Han sido publicados en 1985 por las Ediciones Deméter bajo el título de Ritual de la Orden Martinista diseñado por Teder. Nosotros los incluimos con los textos y ritos completos.

Hablaremos aquí de algunos elementos útiles para la comprensión general de la tradición de la que tratamos.

Hay que precisar que en las reuniones rituales más sencillas, los ritos están previstos para permitir al único Superior Desconocido Iniciador la transmisión de todos lo Grados.

Partiendo del rito precedente, los ritos actuales que no son iniciáticos han sido completados. (Podéis dirigiros al primer rito como indicación.)

(A)

... Triple Luz misteriosa y Divina, Fuego sagrado, Alma del universo, Principio eterno de los Mundos y de los Seres, Símbolo venerado, ilumina nuestro espíritu, nuestros trabajos y nuestros corazones y esparce en nuestras almas el fuego vivificante de la Verdad. Que una misma luz, emanando de tres luminarias diferentes, nos manifieste la Sabiduría, la Fuerza y la Belleza que presiden, sostienen y decoran el Templo particular que nosotros construimos a la Gloria del Gran Arquitecto de los

Mundos. Que estas llamas misteriosas iluminen con su claridad a las Hermanas y Hermanos que accedan a su conocimiento y les permitan apreciar la grandeza y la santidad de nuestros trabajos....

(Derrama un poco de incienso sobre el carbón incandescente) ¡Recibe, oh Gran Arquitecto de los Mundos, el homenaje que te rinden, en este templo, las Hermanas y los Hermanos reunidos. No permitas que sea profanado por el fanatismo, la enemistad, la mentira, la discordia y que la Caridad, la Paz y la Verdad reinen constantemente!

La clausura fue, muchas veces, desarrollada y retomada, generalmente, con las invocaciones de clausura que conocemos del rito de Papus y de Teder. Hemos desarrollado algunos extractos con el fin de que pudieseis percibir el espíritu.

(B)
... Mis Hermanas y Hermanos, ha llegado la hora de suspender nuestros trabajos colectivos. Efectivamente, nadie entre nosotros está dispensado de multiplicar los esfuerzos individuales que deben, diariamente, hacerle más digno de los benefactores espirituales, pues el Martinismo es el dispensador. [....] Que los Santos Seres, de quienes queréis ser discípulos, os muestren la Luz que buscáis y os proporcionen la poderosa ayuda de su Compasión y de su Sabiduría!

LOS OFICIALES DE LA LOGIA EN LOS CUATRO PRIMEROS GRADOS

El Filósofo Desconocido: (A veces llamado Hermano Iniciador): Es la primera luz de la logia. Los miembros le deben el mayor respeto y la mayor obediencia; es irreprensible en sus funciones, no está sometido a la elección y reúne su logia todas las veces que juzgue conveniente; preside la apertura y el cierre de los trabajos; firma todos los registros y documentos; ordena todos los gastos, nombra los Comités o todas las Comisiones y las preside; confiere los grados conforme al Ritual....

El Hermano Desconocido: (Hermano Orador): Es el encargado de ciertas invocaciones características de la Orden. Da el contenido de los trabajos, establece las conclusiones. Representa la ley Martinista y debe conocer perfectamente la estructura y las reglas tradicionales de la Orden.

El Hermano Iniciado: (Maestro Iniciado, Maestro de ceremonias): El Hermano Iniciado (S:::1:::1:::) hace de experto en las ceremonias de iniciación. Debe, entonces, conocer perfectamente los rituales. En caso de ausencia del Filósofo Desconocido, puede serle dado el permiso para reemplazarlo

El Guardián: (Hermano Portero): Es responsable del secreto y de la discreción de las reuniones de traba¬ jo y de las asambleas Martinistas de iniciación. Controla la regularidad Martinista de las Hermanas y Hermanos visitantes. Vela de que todos los hermanos y hermanas lleven convenientemente los símbolos de la Orden.

El Tesorero: Tiene encomendada la colecta de cotizaciones eventuales de los miembros, de velar por la buena organización financiera del grupo, de recoger donativos, de visitar a las Hermanas y Hermanos con problemas morales, físicos o de otro tipo y de ayudarlos en nombre del grupo, también eficaz y materialmente, siempre dentro de su poder y teniendo en consideración las decisiones del Filósofo Desconocido.

El Secretario: Lleva el registro de los procesos verbales. Es el depositario de los archivos y envía las convocatorias según la demanda del Filósofo Desconocido.

Posición de los oficiales en el templo:

El Hermano Iniciado: Se sienta en el primer lugar de la columna del Sur.

El Hermano Desconocido: Se sienta en el segundo lugar de la columna del Sur.

El Hermano Secretario: Se sienta en el primer Jugar de la columna del Norte.

El Hermano Tesorero: Se sienta en el segundo lugar de la columna del Norte.

El Guardián: Se sienta en el Oeste, de cara al Filósofo Desconocido.

Rituales Martinistas provenientes de una Logia de búsqueda contemporánea

El Martinismo no ha evolucionado, como algunos podrían pensar, hacia un Gran cúmulo de ritos. Al contrario, las investigaciones han proseguido y nuevos ritos han sido escritos. Respetuosos de los símbolos esenciales de la tradición, estos ritos buscan completar y responder a las necesidades que hayan podido aparecer. Es el caso de los dos ritos que reproduciremos después, el rito para las reuniones teúrgicas y el rito para la fundación de una Logia.

El primero está destinado a los grupos que desean encauzar sus trabajos en una perspectiva teúrgica, sin por ello practicar la vía propiamente Martinezista. La reunión está, pues, esencialmente consagrada a las prácticas operativas del grupo. El segundo está destinado a las Logias Martinistas deseosas de fundarse de una manera realmente operativa, teniendo en cuenta la dimensión invisible.

Ritual de Contacto Individual con la Cadena Martinista

La historia del Martinismo nos muestra la fragilidad de la transmisión histórica real. Se concluye, entonces, que las transmisiones, las grandes maestrías, los resurgimientos, etc., derivan a menudo solo de la dimensión espiritual. Unas cadenas históricas nacen seguidamente, pero ellas han nacido de una operación específica que ha tenido por objetivo contactar un plan y unos maestros que hayan podido insuflarle una energía, una autoridad verdaderamente iniciática.

Evidentemente, la iniciación previa en las cadenas ocultas ligadas a la egrégora correspondiente es un triunfo no despreciable en este tipo de trabajo. De este modo, se puede considerar que un individuo que posea la iniciación de los grados mayores del Rito Escocés Rectificado y con cierta filiación espiritual con J.B. Willermoz, será más apto para intentar crear una relación espiritual con Martínez de Pasqually y la egrégora de los Elus Cohens. El ejemplo más próximo a nosotros es aquél de la operación mágica en simpatía que había sido efectuada por Robert Amberain, Robert Amadou y otros hermanos que utilizaron un rito Elus Cohen para despertar la Orden y conectarla de nuevo con su egrégora. No existía ninguna certeza en la época respecto a la filiación histórica, pero el influjo divino y los resultados tangibles de las operaciones sirvieron para contactar con las fuerzas ancestrales de esta tradición e infundir una nueva energía que continua aun hoy día.

Al principio nadie distingue este tipo de operación de los procesos de contacto individual que describimos aquí. Se ha hecho todo lo posible para que así sea, para proceder de la misma forma y para buscar ponerse en relación con una egrégora particular. La ayuda de una ascesis particular, de oraciones y de operaciones, en la medida en que la intención sea pura, sincera y altruista, será a todas luces necesaria.

No somos entusiastas cuando decimos que tal operación debe cumplirse para alcanzar alguna Gran Maestría y crear así una Orden en la que el operador se convertirá, evidentemente, en el gran jefe.

Lo que proponemos aquí no tiene por objetivo tener una iniciación formal junto a este proceso de transformación. Se trata simplemente de permitir a aquél que no tendría la posibilidad de recibirla, de conectarse a la egrégora y de poder operar bajo la protección de los Maestros.

Es útil, antes de algunas prácticas, impregnarse del espíritu de la tradición y meditar entonces sobre los textos susceptibles de conducir el espíritu a una especie de comunicación inconsciente con los planos invisibles. Es, sin embargo, importante evitar las lecturas demasiado teóricas que apelan al intelecto. Buscamos, al contrario, actuar sobre la imaginación y la fe del individuo.

Para ello, aconsejamos utilizar por una parte La imitación de Jesucristo y por otra parte las obras de L.C. de Saint-Martin. Conviene leer cada día los pasajes de la primera obra de tal forma que os impregnéis lentamente y regularmente. En el caso de las diferentes obras de Saint-Martin, no debéis leer la totalidad de una obra del inicio hasta el fin. Es suficiente que abráis al azar, tan a menudo como sea posible, una de las obras de este autor y que leáis el pasaje correspondiente. Poco importa que lo comprendáis; lo esencial es que os impregnéis, la comprensión vendrá posteriormente.

Os aconsejamos seguidamente utilizar oraciones sencillas, que sean extraídas de la tradición cristiana o Martinista (las 10 plegarias de Saint-Martin, por ejemplo). Es importante que esta práctica sea cotidiana y regular. El objetivo es una acción lenta, pero constante. Podríamos utilizar la imagen de las gotas que caen regularmente sobre la roca de granito. La roca más dura será horadada, lo que no sucedería si echaseis una gran cantidad de agua. Es lo mismo respecto a la práctica de las oraciones o de alguna otra técnica de armonización.

Os aconsejamos seguir estos preliminares durante un ciclo de 40 días, duración tradicional de las técnicas de ascesis occidentales.

Escogeréis seguidamente un día significativo que se sitúe en Luna Llena, o al menos en Luna Creciente, en la primavera. Podéis escoger un domingo por la mañana, con inicio del rito a la hora mágica del Sol. Evidentemente, estas indicaciones pueden ser ignoradas, si el rito no tiene estructura teúrgica. Son solamente una ayuda en el proceso de construcción psíquica del iniciado.

Si podéis, procuraréis ropa blanca (idéntica a una túnica), un cordón negro, tres velas, un mantel blanco, tres cintas (negra, blanca y roja) y un incensario.

Si no os podéis procurar lo anterior, os aconsejamos llevar un vestido que sea amplio y que os sintáis a gusto con él.

Sentaos de cara al altar que habéis instalado y relajaos durante unos minutos.

Después os levantáis comenzáis a leer en voz inteligible el texto de apertura siguiente:

El Oriente se ilumina... el sol se alza. El ojo del mundo se va a abrir; la verdad aparecerá.

¿El Sol se oscurecerá para los profanos? ¿Negará el calor y la vida a los ignorantes? ¿No repartirá sus influencias benefactoras a los malvados?

Manifestación visible del centro invisible de toda vida y de toda luz, el Sol no niega sus influencias astrales a nadie, y toda criatura recibe un rayo de la sustancia divina.

¿porqué la Verdad no se ha manifestado? ¿Porqué nos negaríamos nosotros a hacer partícipes de su influencia al hombre de deseo?

El Sol se eleva. Que los velos caigan como se disipan las sombras de la noche!

Permaneced unos instantes en silencio y recogimiento. Después encended una luz y pronunciad la invocación siguiente:

Triple Luz misteriosa y Divina, Fuego sagrado, Alma del universo, Principio eterno de los Mundos y de los Seres, aclara mi espíritu y mi corazón y enciende en mi alma el fuego vivificante de la Verdad.

Que la Sabiduría, la Fuerza y la Belleza se manifiesten en esta ceremonia bajo los auspicios del Gran Arquitecto de los Mundos.

Que las llamas iluminen mi ser con su claridad.

Encended entonces las tres llamas dispuestas sobre vuestro altar, comenzando por aquella más cercana al Oriente, después por la de la derecha y después la de la izquierda.

Estad unos instantes en silencio.

Encended el carbón y echad un poco de incienso, diciendo ·

Recibe, Oh Gran Arquitecto de los Mundos, mi homenaje. Que este incienso que yo te ofrezco sea una imagen verdadera de la pureza de mi palabra y de mi intención por tu mayor gloria y justicia.

Que este perfume sea la imagen de la plegaria que yo te ofreceré para la eternidad.

Que sea el emblema del fervor con el cual yo te invoco para alcanzar la reconciliación, a fin de unirme al ángel a quien has dado el encargo de acompañarme y de asistirme.

Recibe este perfume como testimonio de mi amor.

Elevad el incensario y balanceadlo 12 veces hacia Oriente. Después lo colocáis sobre el altar.

Golpead entonces con la ayuda de una campanilla o con la mano, doce golpes lentamente y con solemnidad sobre el altar.

Coged el libro de la Biblia y abridlo por el prólogo del Evangelio según San Juan. Leed el texto: Jn 1:1 a 1:14.

Dejad el libro sobre el altar abierto por esta página.

Permaneced algunos instantes en meditación silenciosa en la posición que creáis más apropiada.

Recitad después las plegarias u oraciones que utilizabais en vuestra preparación, de forma que os coloquéis en relación con los planos invisibles y divinos.

Tomad la Biblia y leed el texto del Génesis: Gn 1:1 a 2:3.

Permaneced algunos momentos en meditación silenciosa en la postura que creáis más idónea.

Levantaos y empezad la invocación de los Maestros del pasado de la tradición Martinista:

> Yó invoco en este momento a los Maestros secretos de la cadena astral Martinista. El puro deseo de mi corazón se vuelve hacia vosotros y os invoco. Escuchad mi voz y mi llamada.
>
> Invoco la influencia del Venerable Fundador de la tradición Martinista:
>
> Oh Martínez de Pasqually, tú que has fundado la Orden Martinista con el apoyo de los Principios vivientes del Invisible, escucha mi llamada y dirige hacia mi tu influencia protectora y vivificante de forma que mi alma se sitúe en la corriente hacia la cual yo marcho. Dame el sostén de las fuerzas secretas y astrales de tu Orden.
>
> Invoco a todos aquellos que trabajaron por la Gloria de la Orden Martinista en el mundo visible. Invoco también a Louis-Claude de Saint-Martín, a Jean-Baptiste Willermoz y a todos sus discípulos de la Orden invisible.
>
> Oh Maestros invisibles de la Orden Martinista, todos los que habéis conocido la Luz secreta y habéis participado en sus actividades, vosotros que siempre habéis sido los Caballeros fieles de Ieoshuah, venid cerca de mi para aportarme vuestra bendición y vuestra asistencia para la obra que cumplo hoy. Que en este día las influencias bajo

las cuales me coloco permitan el cumplimiento de mi deseo de perfeccionamiento físico, moral y espiritual.

Permaneced unos minutos en silencio. Después decid:
Invoco ahora a las influencias del Invisible.
Venid a mi, oh Noudo-Raabts!
Venid a mi, oh Ieoshuah Omeros!
En el nombre de Iod He Shin váu He.
Por I.N.R.I., Amén!

Observad un momento de silencio, después dad 7 golpes secos y ceremoniosos sobre el altar o con la campanilla. Después decid:
¡Que en la presencia y bajo la protección de los maestros el rito se cumpla!

Visualizaos envueltos de una luz blanca e incandescente. Después densificad esta visualización e imaginaos vestidos de una túnica de lino blanco.

Entonces, decid:
Emblanqueced, Señor mío, y purificad mi corazón, a fin de que habiendo sido lavado por la sangre del cordero goce un día de las alegrías eternas mi alma al fin regenerada. Que la pureza de este vestido brote en mi ser y que pueda progresar hacia mi reintegración espiritual.

Visualizad seguidamente un cordón negro alrededor de vuestra cintura y decid:
Dígnate, Señor misericordioso, extinguir en mí el ardor de las pasiones malvadas a fin de que la virtud, la fuerza y la pureza permanezcan en mí. Que este lazo sea la cadena visible que me una a los Maestros del pasado presentes en este instante alrededor mío. Que en todo momento mis actos sean juzgados dignos de ser inscritos sobre los registros de nuestra tradición.

Visualizad seguidamente que estáis revestido con una capa blanca que os envuelve y os protege.

Decid entonces:
Que esta capa de protección me permita entrar en mi ser, desaparecer ante los ojos del mundo y penetrar en el mundo invisible.

Visualizad seguidamente una máscara negra sobre vuestros ojos y decid:
Mediante esta máscara mi personalidad profana desaparece. Me convierto en un desconocido ante miles de otros desconocidos. No temeré más a las susceptibilidades mezquinas a las que me veo obligado en mi vida cotidiana. Estoy protegido contra las trampas de la ignorancia y puedo, siempre que lo deseo, entrar en mi para descubrir el sagrado santuario en el cual la verdad muestra sus oráculos.

Levantaos y agarrad la espada. Levantad el brazo dirigiendo la punta de la espada hacia el cielo y decid:
Que los querubines presentes en el Oriente del jardín reconozcan este signo y que sepan que hago juramento de cultivar la virtud, de respetar y de alabar al Gran Arquitecto de los Mundos. Vosotros, Guardianes de las tierras donde yo nací, sabed que en este momento emprendo el camino que me llevará ante vosotros para regresar a mi residencia celeste.

Arrodillaos ante el altar de cara a Oriente. Permaneced en silencio unos instantes.

Después decid:
En presencia de los Maestros del pasado y de las Potestades y Criaturas invisibles de la Orden Martinista, tomo en este momento el nombre de……………
(Nombre esotérico, que se adoptará durante las

actividades Martinistas) y lo haré de forma que pueda llevarlo con dignidad en cada una de mis actividades en el sendero del Martinismo.

Permaneced silencioso algunos momentos más, después pronunciad mentalmente las frases consagratorias siguientes, imaginando que se trata de uno de los Maestros de la cadena Martinista que se dirige a vosotros:
A ti ... (Vuestro nombre civil y esotérico) te recibo y te introduzco en este momento en la cadena y egrégora Martinista. Recibe tu consagración de hombre de deseo a fin que cada uno de tus pasos te aproxime hacia el día de tu reintegración.

(Podéis espontáneamente contestar a las palabras anteriores)

Permaneced algunos momentos en meditación. Levantaos y pronunciad ahora el Padre Nuestro en la lengua que encojáis. Seguidamente proceded a la clausura del rito.

Dad 7 golpes marcados y lentamente sobre el altar.

Después decid:
Oh hombres regenerado, vosotros que manifestáis en el invisible los poderes divinos, os agradezco haber estado presentes en este rito.
Oh Maestros del pasado, sed loados por haberme aportado vuestra bendición.
¡Vosotros, Santos Seres, de los que espero ser discípulo, dignaos mostrarme la Luz que busco y ofrecedme la poderosa ayuda de vuestra Compasión y de vuestra Sabiduría!
En el nombre de Iod-He-Shin-Vau-He.
Por INRI, Amén.

Apagad las velas diciendo:
Que esta triple luz sea colocada bajo el celemín y que continúe expandiendo su luz en mi alma purificada.

Después dad 7 golpes lentamente y marcándolos sobre el altar.

Terminad diciendo:

Por la gloria de IESHOUAH y del G∴A∴ De los Mundos, bajo los auspicios del Filósofo Desconocido, nuestro venerable maestro, nuestros trabajos de hoy quedan concluidos. Que yo pueda cultivar la prudencia y la discreción sobre mis trabajos y contactos con la cadena invisible de la Orden Martinista.

Dad un golpe seco sobre el altar.

El rito se ha terminado. Podéis desmontar el decorado y seguir vuestra jornada o la velada con algunas actividades tranquilas y virtuosas.

Ritual de las disciplinas Teúrgicas

El templo estará decorado de la forma acostumbrada. Sin embargo, unas placas o cartones dibujados se colocarán sobre las paredes, alrededor de la habitación. Sobre cada uno de ellos se encuentra una letra del alfabeto hebreo. La primera se encuentra sobre la pared del Este, a la derecha del Pentáculo Martinista y la última a su izquierda.

1- Purificación:

Las velas y el incienso se encienden sobre el altar de la forma acostumbrada.

El Filósofo Desconocido se levanta y toma el incensario. Se dirige al centro del templo y se coloca de cara al Este. Lo eleva diciendo:

Por la intercesión del Bienaventurado Arcángel Miguel, el cual está a la derecha del Altar de los perfumes, por la intercesión de tus Elegidos, de todos tus Santos y de todos Tus Ángeles, dígnate Señor bendecir y santificar este incienso y convertir el perfume en dulce olor de suavidad. Que esta composición aromática sea una perpetua defensa contra todos los Espíritus Malvados, contra todos los encantamientos, hechizos y otras vejaciones diabólicas proferidas y promovidas por el Mundo; que este incienso sea una perpetua expulsión de todos los espíritus de prevaricación y que jamás ningún maleficio pueda producirse en este lugar.

Te pido, por el contrario, que se expanda el dulce olor de esta mezcla aromática, que vengan y se presenten en este lugar todos los Angeles y Espíritus de luz así como todas las Almas de nuestros Hermanos al fin regenerados.

¡Por Ieschouah. Amén!

El filósofo Desconocido se orienta al Este e inciensa en las direcciones. Después se dirige hacia el Sur describiendo un semicírculo alrededor del lugar de trabajo. Allí inciensa de nuevo en las 4 direcciones. Después hace lo mismo al Oeste para concluir en el Este. Se incorpora enseguida al centro del lugar, permanece algunos instantes silenciosos y va a dejar el incensario a su sitio.

Seguidamente toma la luz de los Maestros del pasado y se dirige al centro del templo. Después de algunos instantes de silencio, alza la llama y dice:

Os invoco, oh Maestros del pasado, a fin de que con vuestra presencia bendigáis este Templo y que sea colocado bajo vuestra protección.

El Filósofo Desconocido se dirige cara al Este y traza con la ayuda de la luz una cruz dentro de un círculo. Esto significa que la llama dibuja la forma descrita, como si ella se encontrara en una superficie plana y vertical. Después, extendiendo la luz al nivel del centro de la cruz, se dirige hacia el Sur y traza nuevamente el círculo con la cruz. Después hace lo mismo en el Oeste y en el Norte, hasta concluir nuevamente en el Este.

Seguidamente deja la luminaria en su sitio.

Después se sienta en su sitio.

2- Las Fuerzas Espirituales:

A. Oración:

Filósofo Desconocido:
¡Oh Padre Celeste, Creador clementísimo y misericordioso, purifícanos! Dígnate esparcir sobre nosotros tu santa bendición. Extiende tu brazo poderoso sobre nosotros a fin de que por tus órdenes podamos participar en tu divino trabajo, estar dotados de toda sabiduría, adorar y glorificar tu Santo Nombre. Yó te invoco y te lo suplico desde lo más profundo de mi corazón. Que estas fuerzas que invocamos por tu poder vengan a reconfortarnos y purificarnos. Que estas fuerzas se manifiesten, vivificando nuestra obra y aportando la paz, el equilibrio y el amor que pedimos en tu Santo Nombre. Que se manifiesten sin causar espanto o terror a nadie, sin herirnos, ni dañar a nadie.

B. Circunvalación:

Los oficiales dan 3 circunvalaciones alrededor del templo partiendo del Oriente.

3 – La Fuerza de Dios.

Todos invocan al espíritu divino declamando en alta voz el Veni Creator:
Venid, espíritu creador, descender en las almas de aquellos que están con vos y llenad de la gracia divina los corazones que habéis creado. Espíritu consolador; el don más alto de Dios, fuente de vida, caridad y unción divina. Virtud de la derecha de Dios que expandís en nosotros vuestros 7 dones, según la promesa del Padre, colocad su palabra en nuestros labios, iluminadnos con vuestra luz, llenad con

vuestro amor nuestros corazones y fortificad en todo instante nuestra carne íntima y desfalleciente. Alejad de nosotros al enemigo y dadnos la paz. Guiados por vos, evitaremos todo lo que nos puede herir: Enseñadnos a conocer al Padre. Enseñadnos a conocer al Hijo. Sed siempre el objeto de nuestro amor y de nuestra fe.

Texto en latín:
Veni creator spiritus, mentes tuorum visita, imple superna gratia quae tu creavit pectora. Qui diceris paraclitus, altissimi donum dei, fous vivus, ignis, charitas, et spiritalis onctio. Tu septiformis mumere digitus paternae dexterae. Tu rite promissum Patris, Sermone ditans guttura. Accende lumen sensibus, infunde amorem cordibus, irifirma nostri corporis virtute firmans perpeti. Hostem repellas longius, pacemque dones protinus; Ductore siete praevio vitemus omne noxium. Per te scianus da Patrem noscamus at que Fillium, Te utrius que Spiritus Credamus omni tempore.

4. PRÓLOGO:

El Filósofo Desconocido lee el texto del Génesis, sea en castellano o en hebreo. Después de la pronunciación de las fórmulas 1º día, 2º día, etc, se produce una batería de golpes.

I-1. En el comienzo, Dios creó el cielo y la tierra. Pero la tierra estaba en la soledad y el caos; las tinieblas cubrían la faz del abismo. 2. Y el soplo de Dios planeaba sobre la superficie de las aguas. 3. Dios dijo: "¡Hágase la luz!". Y la luz fue. 4. Dios consideró que la luz era buena y estableció una distinción entre la luz y las tinieblas. 5. Dios llamó Día a la luz y Noche a las tinieblas. Se hizo la tarde, se hizo el amanece; el primer día.

6. Dios dijo: "Que un espacio se extienda entre las aguas y forme una barrera entre ellas". 7. Dios hizo el espacio, obró una separación entre las aguas que están por debajo

y las que están por encima y ello permaneció así. Dios nombra a este espacio el Cielo. Se hizo la tarde, se hizo el amanecer, segundo día.
9. Dios dijo: "Que las aguas repartidas bajo el cielo se reúnan en un mismo lugar y que el suelo aparezca". Y se cumplió. 1O. Dios nombra al suelo la Tierra y a la aglomeración de las aguas los Mares. Y Dios lo consideró justo. 11. Dios dijo: "Que la tierra produzca los vegetales; que las hierbas oculten una semilla; que los árboles frutales, según su especie den un fruto que perpetúe su semilla sobre la tierra". Y esto se cumplió. 12. La tierra dio nacimiento a los vegetales: a las hierbas que desarrollan su semilla según su espacio. Y a los árboles llevando, según su especie, un fruto que oculta su semilla. Y Dios consideró que era bueno. 13. Se hizo la tarde, se hizo el amanece; tercer día.
14. Dios dijo: "Que aparezcan en el espacio celeste los cuerpos luminosos, para distinguir el día de la noche; servirán de signo para el cambio de las estaciones, para los días y para los años. 15. Y servirán de luminarias, en el espacio celeste para iluminar la tierra". Y así se cumplió. 16. Dios creó dos grandes luminarias, la mayor para la realeza del día, la menor para la realeza de la noche, y también las estrellas. 17. Y Dios las colocó en el espacio celeste para radiar sobre la tierra. 18. Para reinar sobre la noche y para separar la luz de las tinieblas. Dios consideró que era justo. 19. Se hizo la tarde, se hizo el amanecer; cuarto día.
20. Dios dijo: "Que las aguas formen una multitud animada, viva; y que los pájaros vuelen sobre la tierra a través del espacio de los cielos". 21. Dios creó los enormes cetáceos, todos los seres animados que se mueven por las aguas, donde pulularán según las especies, y todos los que vuelen por medio de alas, según su especie; y Dios consideró que era justo. 22. Dios los bendijo diciendo:

"¡Creced y multiplicaos! Llenad las aguas, habitantes de los mares;

¡pájaros, multiplicaos sobre la tierra!". 23. Se hizo la tarde, se hizo el amanece; quinto día.

24. Dios dijo: "Que la tierra produzca seres animados según sus especies: ganado, reptiles, bestias salvajes de cada tipo". Y así se cumplió. 25. Dios formó las bestias salvajes según sus especies, al igual que los animales, y lo mismo todos aquellos que reptan bajo el sol según sus especies. Y Dios consideró que era bueno.

26. Dios dijo: "Hagamos al hombre a nuestra imagen, a nuestra semejanza y que domine sobre los peces del mar; sobre los pájaros del cielo, sobre el ganado; en fin, sobre toda la tierra y sobre todos los seres que en ella se mueven". 27. Dios creó al hombre a su imagen; esa imagen de Dios que lo creó. Macho y Hembra fueron creados a la vez. 28. Dios los bendijo diciendo: "iCreced y multiplicaos!, ¡Llenad la tierra y sometedla! iMandad sobre los peces del mar, sobre los pájaros del cielo, sobre todos los animales que se mueven sobre la tierra" 29. Dios añadió: "Ahora, os concedo todo vegetal que lleva grano, sobre toda la faz de la tierra y, todo árbol con semilla sobre toda la faz de la tierra y, todo árbol llevando frutos que se convertirán en árboles por el desarrollo de su germen. Os servirán para nutriros. 30. Y a los animales salvajes, a todos los pájaros del cielo, a todo aquello que se mueve sobre la tierra y posee un principio de vida, yo les asigno verdura vegetal como alimento". Y así se hizo. Dios examinó lo que había hecho: y era eminentemente bueno. Se hizo la tarde, se hizo el amanece, sexto día.

II-1. Así fueron terminados los cielos y la tierra, con todo lo que contienen. 2. Dios puso fin, el séptimo día, a la obra hecha por el; y descansó el séptimo día, de toda la obra que había hecho. 3. Dios · bendijo el séptimo día y lo proclamó santo, porque en este día él reposó de la obra entera que había producido y organizado.

5 - Invocación De Los Poderes Arquetípicos:

El Filósofo Desconocido dirige su mirada a cada letra hebrea que decora los muros del templo. El Maestro Iniciado lo acompaña llevando en la mano el incensario. Todos se concentran sobre el poder correspondiente a cada letra que va a ser invocada. Después el Maestro Iniciado alza el incensario hacia la letra y el Filósofo Desconocido vibra la invocación de la letra en voz alta. Todos se unen silenciosamente en esta invocación.

6 – Invocación de la Egrégora de la Logia:

Esta invocación ritual la elabora cada logia en particular, bajo su denominación y los auspicios escogidos desde su fundación.

7- Abjuraciones Preliminares:

El Experto:
   Los accesos a la Cámara están vacíos, todo está silencioso, el Guardián está en su sitio y todos los Martinistas presentan su palabra de pase.

El Hermano Desconocido:
   Dame la palabra de pase

(se ejecuta esta orden).

El Hermano Desconocido (Un golpe) (Los oficiales toman sus lugares):
   Sapientísimo, estamos convenientemente protegidos.

El Filósofo Desconocido:
   Hermano Desconocido, ¿sois Martinista?

El Hermano Desconocido:
Soy un Filósofo de la Unidad, Sapientísimo.

El Filósofo Desconocido:
¿En qué momento comienzan sus Trabajos los Martinistas?

El Hermano Desconocido:
El trabajo de un Martinista no se interrumpe jamás, Sapientísimo.

El Filósofo Desconocido:
¿porqué?

El Hermano Desconocido:
Porque el objetivo que se propone requiere el uso constante de sus facultades intelectuales, excepto en aquellos momentos de reposo corporal que exige la debilidad de la naturaleza física.

El Filósofo Desconocido:
¿y cuando tienen lugar esos momentos de reposo corporal que nuestras tradiciones conceden al Martinista?

El Hermano Desconocido:
Desde que el sol, manifestación visible del Centro Invisible de toda vida y toda luz esparce sobre cada criatura su vivificante influencia.'

El Filósofo Desconocido:
¿cuándo es que el Martinista está más dedicado al trabajo?

El Hermano Desconocido:
Durante las horas de las tinieblas físicas, en el profundo silencio de la meditación, cuando la iluminación, penetrando en el Centro mismo de la Naturaleza,

descubre la fuente de toda naturaleza y de toda verdad y se une en espíritu con los agentes virtuosos del Pleroma.

El Filósofo Desconocido:
¿Qué hora es?

(Se dan 12 golpes lentos en un gong)
El Hermano Desconocido:
Es medianoche para los profanos, pero el sol intelectual se alza sobre esta asamblea.

(Aquí la luz central está encendida)

1. Lectura de la Carta del Consejo Supremo.

2. En pie y a la Orden, mis hermanos

(Todos los asistentes se levantan)
El Filósofo Desconocido:
¿Podéis vos, Oh Maestro Asociado, unir la Logia que constituimos a los poderes visibles e invisibles que dirigen nuestra Venerable Orden?

El Maestro Asociado:
Si, M. P. M., podemos por la invocación de los Maestros secretos de nuestra cadena astral, si los corazones de los HH∴ aquí presentes están impregnados de un deseo puro.

El Filósofo Desconocido:
Maestro Asociado, llamad a las influencias del Venerable Fundador de nuestra Orden.

Maestro Asociado:
Oh, Martínez de Pasqually, tú que El∴ fundado nuestra Orden con el apoyo de los Principios vivos del Invisible, protege esta Logia abierta a la Gloria del G∴A∴ del Universo. Y danos el sostén de las fuerzas secretas de la Orden en el Plano Astral.1

El Filósofo Desconocido:
Además del fundador de la Orden, ¿quiénes son nuestros apoyos del invisible, P.M. Iniciado?

El Maestro Iniciado:
Todos aquellos que trabajaron por la Gloria de nuestra Orden en el mundo visible y, sobre todo, los M. P. M. Louis-Claude de Saint-Martín, Jean-Baptiste Willermoz y todos sus discípulos de la Orden invisible.

El Filósofo Desconocido:
P. M. Iniciado, llamad a estos venerables Maestros.

El Maestro Iniciado:
Oh, Maestros invisibles de nuestra Orden, oh, vosotros que, siguiendo a Louis-Claude de Saint-Martín y a J.B. Willermoz habéis conocido la Luz secreta y habéis participado en sus actividades, vosotros que siempre habéis sido los Caballeros fieles de Ieschouah, el Reparador, venid a impregnar con vuestra influencia la obra que comenzamos hoy en día con el corazón puro y con ardientes deseos de perfeccionar-nos física, moral y espiritualmente.

El Filósofo Desconocido:
(Da tres golpes; los Hermanos se levantan).
Hermanos míos, unidos en cuerpo, seamos unidos en vida y en espíritu; invoquemos las influencias del Invisible, para que la luz visible deslumbre nuestros ojos.

El Filósofo Desconocido:
¡Venid a nosotros, oh Noudo-Raabts!

El Hermano Desconocido:
¡Venid, oh Ieschouah Omeros!

El Hermano Iniciado:
En el nombre de Yod-He-Shin-Vau-He.

El Hermano Asociado:
¡Por I.N.R.I., Amén!

(Silencio)

El Filósofo Desconocido: da tres golpes lentos.

El Hermano Desconocido: da tres golpes lentos.

El Hermano Iniciado: da un golpe.
El Filósofo Desconocido:
En el nombre del Consejo Supremo de la Orden Martinista, Nosotros, Delegados especiales a tal efecto, declaramos la Poderosa Logia N.º.......... abierta por la Gloria de Ieschouah G∴A∴ del U∴ y bajo los auspicios del Filósofo Desconocido, N∴V∴M∴ Sentaos, mis hermanos y hermanas.

8 - Lectura Y Comentario:

Lectura y comentario por el Filósofo Desconocido, o por uno de los oficiales designado por él, de un texto hermético en relación con la vía teúrgica y mágica.

9 - Trabajo Del Dia:

Expuesto por un Hermano o Hermana sobre un tema particular en relación con la teurgia o la magia.

10 - Enseñanzas Y Prácticas Operativas:

Las bases de las diferentes técnicas de las tradiciones occidentales serán tratadas, enseñadas y practicadas. Esta práctica puntual encontrará su continuación en el trabajo individual después de las reuniones.

11- El Retiro (Clausura De Los Trabajos):

a) La egrégora de la Logia está ritualmente en descanso.
El filósofo Desconocido:
Os agradecemos, Maestros del pasado, haber estado presentes en nuestros trabajos. Recibid la bendición del Eterno Iaveh y de su Hijo, nuestro Maestro y Señor Ieschouah.

b) Los oficiales realizan tres circunvalaciones alrededor del templo, a partir del Oriente, en el sentido contrahorario.

El Filósofo Desconocido torna al centro y declara:
¡Pax In Lux!

12 - PAX IN LUX:

Los oficiales y todos los Hermanos y Hermanas forman la cadena en el centro del templo y recitan el PATER en Hebreo o en Griego.

Pater Noster (Pronunciación del texto hebreo):
Avinou chébachamaïm, itquadach chméra, tavo malroutéra iésséh rétsonéira kmo bachamaïm ken baaretz. Et lereum rouquénou ten lanou aiom. Ouslar lanou eut rovoténou, quaacher salarnou gam anarnou léraiavénou. Veal tviénou lidé nissaïon ki im raltsénou min ara, ki léra hamamlérah veagvourah vehatiphéreth leolmé olamim; amen.

Se apagan las velas.

Los Hermanos y Hermanas abandonan el templo conducidos por el Hermano Guardián.

Los oficiales permanecen algunos instantes en silencio y después abandonan uno a uno el templo.

Sâr ADAD

Rito de Fundación de una Logia Martinista

Tiempo: Todo el año. Idealmente un domingo a primera hora del día. (La duración del día se divide por 12. Este resultado proporciona la duración de la hora mágica del día correspondiente. El amanecer es calculado por el lugar donde se opera. Es, entonces, fácil, calcular la duración de la primera hora durante la cual el rito debe ser efectuado. Hay que precisar que el inicio del rito afecta la operación en la hora mágica adecuada, cuya influencia se continua durante todo el trabajo.)

Templo y Operantes:

1ª Parte

El templo Martinista es instalado como para las tenidas místicas. En el Oriente el Pentáculo Martinista sobre montado con el nombre de Ieschouah en Hebreo, encuadrado por dos pendones. El primero es blanco y lleva una cruz roja, el segundo es blanco y lleva un Crismón rojo. A Occidente se encuentra el retrato de Saint-Martin.

En el suelo, el tapiz de primer grado no está colocado. El altar del Maestro sirve de altar para la liturgia que se va a desarrollar. Está iluminado por un candelabro de siete brazos.

Todos llevan las insignias de su grado en la grada mística.

Partes 2ª - 3ª

El decorado es idéntico. Sin embargo el arreglo del altar es reemplazado por el decorado Martinista del primer grado.

El tapiz verde está colocado en el suelo.

Partes 4ª - 5ª

Las especificidades del decorado para el trabajo teúrgico son incorporadas de nuevo. Por ejemplo, las 22 letras hebreas pueden ser incorporadas a la pared, instaladas las columnas, etc.

Los Hermanos y Hermanas enarbolan el Pentáculo hebraico y llevan las insignias propias de este trabajo.

Nota: Los rituales no deben ser distribuidos a los Her manos y Hermanas a fin de evitar su lectura en lugar de una atención constante en la ceremonia. Hasta su participación, por vibraciones o gestos, los Oficiales los indican en voz baja. Mientras, es recomendable que cada cual haya leído el rito antes de participar, sin conservarlo después consigo, o que haya sido explicado por separado por el responsable.

Parte 1

1- Purificación:

Las luces y el incienso se encienden de la forma acostumbrada sobre el altar.

El Filósofo Desconocido se levanta y enciende el incensario. Se coloca en el centro del templo de cara al Este. Allí lo alza diciendo:

Por la intercesión del Bienaventurado Miguel Arcángel, el cual está a la derecha del Altar de los perfumes, por la intercesión de todos, tus Elegidos, de todos tus Santos y de todos tus Angeles, dígnate Señor bendecir y santificar este incienso y aceptar este perfume con dulce olor de suavidad. Que esta composición aromática sea una perpetua defensa contra todos los Espíritus Malvados, contra todos los Encantamientos, Hechizos y otras vejaciones diabólicas proferidas y promovidas por el Mundo; que este incienso sea una perpetua repulsa de todos los espíritus de prevaricación y que jamás ningún maleficio pueda alterar este lugar. Te pido, por el contrario, que se esparza el dulce olor de este preparado aromático, que acudan y se apresuren en este lugar; todos

los Ángeles y Espíritus de luz, así como las Almas de nuestros Hermanos al fin regenerados.
¡Por Ieschouah. Amén!

El Filósofo Desconocido permanece mirando hacia el Este e inciensa en esta dirección en cuatro movimientos. Después mira hacia el Sur describiendo un semicírculo alrededor del lugar de trabajo. Allí vuelve a incensar en cuatro movimientos. Se dirige al Oeste y al Norte antes de concluir de nuevo en el Este. Vuelve al centro del lugar, permanece algunos instantes silenciosos y deposita el incensario en su sitio.

Toma seguidamente una luminaria de los Maestros del pasado y se dirige al centro del templo. Después de algunos instantes de silencio, eleva la llama y dice:
Os invoco, Oh Maestros del pasado, a fin de que con vuestra presencia bendigáis este templo y que sea colocado bajo vuestra altísima protección.

El Filósofo Desconocido se dirige al Este y traza con la ayuda de una luminaria una cruz dentro de un círculo Ello significa que la llama dibuja la forma descrita, com si se encontrara sobre una superficie plana y vertical. Después, manteniendo siempre la luminaria a la altura del centro de la cruz, se dirige hacia el Sur y repite la operación. Hace lo mismo en el Oeste y concluye en el Este.

Deposita luego la llama en el sitio que le está reservado.

Se sitúa, seguidamente, en su lugar.

2- Las Fuerzas Espirituales:

A. *Oración:*

Filósofo Desconocido:
Oh Padre Celeste, Creador clementísimo y misericordioso, purifícanos! Dígnate expandir sobre nosotros tu santa bendición. Extiende tu brazo poderoso

sobre nosotros a fin de que, por tus órdenes, podamos participar de tu divino trabajo, ser dotados de toda sabiduría y siempre glorificar y adorar tu Santo Nombre. Te invoco y te suplico desde lo más profundo del corazón. Que estas fuerzas, que nosotros invocamos por tu poder, vengan pronto para reconfortarnos y purificarnos. Que se manifiesten, vivificando nuestra obra y trayendo la paz, el equilibrio y el amor que pedimos en tu Santo Nombre. Que ellas se manifiesten sin causar espanto o terror a nadie, sin herirnos, ni dañar a ninguna criatura.

B. La clave Enochiana 1:

La clave Enochiana I es pronunciada en castellano o en Enochiano si el Filósofo Desconocido tiene la costumbre de la pronunciación de esta lengua. El Filósofo Desconocido comienza en el medio del templo, de cara al Oriente.

El Filósofo Desconocido:

Reino sobre vosotros, dice el Dios de Justicia, con el poder exaltado por encima de los firmamentos de Cólera. En sus manos, el Sol es como una espada y la Luna como un fuego penetrante. Yó que he ornado vuestras vestiduras con el seno de mis propios aderezos y que vosotros habéis unido como las palmas de mis manos. Yó que he guarnecido vuestras zarzas con adornos y que he embellecido vuestros vestidos. Os he dado una ley para gobernar los santos seres. Y yo os he liberado de los golpes con el arca del conocimiento. Además, habéis alzado la voz y habéis jurado obediencia y fe a Aquél que vive y triunfa, sin el cual nada comienza a ser y nada llega a su fin. Brilla como una llama en medio de vuestro palacio, y reina sobre vosotros con la balanza de rectitud y de verdad. Venid entonces y mostraos. Mostrad los Misterios de vuestra Creación. Sednos favorables, porque yo soy el servidor del mismo, vuestro Dios, el verdadero adorador del Mas Alto.

El Filósofo Desconocido invoca a los tres Arcángeles:
LEXARP (pronunciación LEKSORePIR)
COMANAN (pronunciación KOMA-NANe)
TABITOM (pronunciación TA-BI-TOMe)

C. Circunvalación:

Los oficiales realizan tres circunvalaciones alrededor del templo comenzando por el Oriente.

3- La Fuerza De Dios

Todos invocan el espíritu divino declamando en alta voz el Veni Creator:

Venid, espíritu creador, descended en las almas de aquellos que están con vos y llenad de la gracia divina los corazones que habéis creado. Espíritu consolador, el don más alto de Dios, fuente de vida, caridad y unción divina. Virtud de la derecha de Dios que expandís en nosotros vuestros 7 dones, según la promesa del Padre, colocad su palabra en nuestros labios, iluminadnos con vuestra luz, llenad con vuestro amor nuestros corazones y fortificad en todo instante nuestra carne íntima y desfalleciente. Alejad de nosotros al enemigo y dadnos la paz. Guiados por VOS, evitaremos todo lo que nos puede herir: Enseñadnos a conocer al Padre. Enseñadnos a conocer al Hijo. Sed siempre el objeto de nuestro amor y de nuestra fe.

Texto en latín: Veni creator spiritus, mentes tuorum visita, imple superna gratia quae tu creavit pectora. Qui diceris paraclitus, altissimí donum dei, fons vivus, ignís, charitas, et spíritalis onctio. Tu septiformis mumere digitus paternae dexterae. Tu rite promis sum Patris, Sermone ditans guttura. Accende lumen sensibus, infunde amorem cordibus, infirma nostri corporis,
virtute firmans perpeti. Hostem repellas longius, pacemque dones protinus;

Ductore sic te praevio, vitemus omne noxium. Per te sciamus da Patrem, noscamus atque Filium;
Teque utrius que Spiritum. Credamus omni tempore. Deo Patri sit gloria, et Filio, qui a mortuis surrexit, ac Paraclito In saeculorum saecula. Amen.

4. Prólogo

El Filósofo Desconocido lee el texto del Génesis, sea en castellano o en hebreo. Después de la pronunciación de las fórmulas 1° día, 2° día, etc, se produce una batería de golpes.

I -1. En el comienzo, Dios creó el cielo y la tierra. Pero la tierra estaba en la soledad y el caos; las tinieblas cubrían la faz del abismo. 2. Y el soplo de Dios planeaba sobre la superficie de las aguas. 3. Dios dijo: "¡Hágase la luz!". Y la luz fue. 4. Dios consideró que la luz era buena y estableció una distinción entre la luz y las tinieblas. 5. Dios llamó Día a la luz y Noche a las tinieblas. Se hizo la tarde, se hizo el amanecer, el primer día.

6. Dios dijo: "Que un espacio se extienda entre las aguas y fonne una han-era entre ellas". 7. Dios hizo el espacio, obró una separación entre las aguas que están por debajo y las que están por encima y ello permaneció así. Dios nombra a este espacio el Cielo. Se hizo la tarde, se hizo el amanecer, segundo día.

9. Dios dijo: "Que las aguas repartidas bajo el cielo se reúnan en un mismo lugar y que el suelo aparezca". Y se cumplió. 1O. Dios nombra al suelo la Tierra y a la aglomeración de las aguas los Mares. Y Dios lo consideró justo. 11. Dios dijo: "Que la tierra produzca los vegetales; que las hierbas oculten una semilla; que los árboles frutales, según su especie den un fruto que perpetúe su semilla sobre la tierra ". Y esto se cumplió. 12. La tierra dio nacimiento a los vegetales: a las hierbas que desarrollan su semilla según su espacio. Y a los árboles llevando, según su especie, un fruto que oculta su semilla.

Y Dios consideró que era bueno. 13. Se hizo la tarde, se hizo el amanecer, tercer día.

14. Dios dijo: "Que aparezcan en el espacio celeste los cuerpos luminosos, para distinguir el día de la noche; servirán de signo para el cambio de las estaciones, para los días y para los años. 15. Y sentirán de luminarias, en el espacio celeste para iluminar la tierra". Y así se cumplió. 16. Dios creó dos grandes luminarias, la mayor para la realeza del día, la menor para la realeza de la noche, y también las estrellas. 17. Y Dios las colocó en el espacio celeste para radiar sobre la tierra. 1 8. Para reinar sobre la noche y para separar la luz de las tinieblas. Dios consideró que era justo.19. Se hizo la tarde, se hizo el amanecer, cuarto día.

20. Dios dijo: "Que las aguas formen una multitud animada, viva; y que los pájaros vuelen sobre la tierra a través del espacio de los cielos". 21. Dios creó los enormes cetáceos, todos los seres animados que se mueven por las aguas, donde pulularán según las especies, y todos los que vuelen por medio de alas, según su especie, y Dios consideró que era justo. 22. Dios los bendijo diciendo: "¡Creced y multiplicaos! Llenad las aguas, habitantes de los mares; pájaros, ¡multiplicaos sobre la tierra!" 23. Se hizo la tarde, se hizo el amanecer, quinto día.

24. Dios dijo: "Que la tierra produzca seres animados según sus especies: ganado, reptiles, bestias salvajes de cada tipo". Y así se cumplió. 25.Dios formó las bestias salvajes según sus especies, al igual que los animales, lo mismo que todos aquellos que reptan bajo el sol según sus especies. Y Dios consideró que era bueno. 26. Dios dijo: "Hagamos al hombre a nuestra imagen, a nuestra semejanza y que domine sobre los peces del mar, sobre los pájaros del cielo, sobre el ganado; en fin, sobre toda la tierra y sobre todos los seres que en ella se mueven". 27. Dios creó al hombre a su imagen; esa imagen de Dios que

lo creó. Macho y Hembra fueron creados a la vez. 28. Dios los bendijo diciendo: "¡Creced y multiplicaos! ¡Llenad la tierra y sometedla! ¡Mandad sobre los peces del mar, sobre los pájaros del cielo, sobre todos los animales que se mueven sobre la tierra! " 29. Dios añadió: "Ahora, os concedo todo vegetal que lleva grano, sobre toda la faz de la tierra, y todo árbol con semilla sobre toda la faz de la tierra, y todo árbol llevando frutos que se convertirán en árboles por el desarrollo de su germen. Os servirán para nutriros. 30. Y a los animales salvajes, a todos los pájaros del cielo, a todo aquello que se mueve sobre la tierra y posee un principio de vida, yo les asigno verdura vegetal como alimento". Y así se hizo. Dios examinó lo que había hecho: y era eminentemente bueno. Se hizo la tarde, se hizo el amanecer, sexto día.

II- 1. Así fueron terminados los cielos y la tierra, con todo lo que contienen. 2. Dios puso fin, el séptimo día, a la obra hecha por él; y descansó el séptimo día, de toda la obra que había hecho. 3. Dios bendijo el séptimo día y lo proclamó santo, porque en este día el reposó de la obra entera que había producido y organizado.

5- Proclamación:

El Filósofo Desconocido proclama de cara a oriente desde occidente:

Proclamo el rito de fundación de una Logia de la Orden Martinista............ (designación de la Orden martinista). Esta ceremonia va a darle nacimiento y fundar la potestad en el invisible que le será propia. Ella recoge los textos y la intención por los cuales la majestad del Mas Alto y de su Hijo se tornará tangible por la manifestación de sus maravillas.

6- La Mas Santa Liturgia:

Esta es cumplida según el rito en vigor por los Hermanos y Hermanas.

7- La Intención:

Después de los dípticos, la siguiente intención es aclamada por el oficiante:
Los Misterios del Eterno son innombrables y yo........ Sacerdote (u Obispo) de la Iglesia de Dios, por los poderes que me han sido conferidos, declaro actuar en este rito con el fin de fundar la Logia........ de......... y de dar nacimiento a su vida oculta.

Que ella se convierta en una viva entidad que permita el despertar y la progresión en la noble vía de los Hermanos y Hermanas que son atraídos aquí y de los que están ya presentes.

El rito se efectúa seguidamente según la Santa Liturgia.

Parte 2

8- Instalación:

El templo es instalado según las descripciones Templo y operadores, partes II y III.

9. Abjuraciones Preliminares:

El Experto:
Los accesos a la Cámara están vacíos, todo está silencioso, el Guardián está en su sitio y todos los Martinistas presentan su palabra de pase.

El Hermano Desconocido:
Dadme la palabra de pase (se ejecuta esta orden).

El Hermano Desconocido: (Un golpe). (Los oficiales toman sus asientos).
Sapientísimo, estamos convenientemente protegidos.

El Filósofo Desconocido:
Hermano Desconocido, ¿sois Martinista?

El Hermano Desconocido:
Soy un Filósofo de la Unidad, Sapientísimo.

El Filósofo Desconocido:
¿En qué momento comienzan los Martinistas sus Trabajos?

El Hermano Desconocido:
El trabajo de un Martinista no se interrumpe jamás, Sapientísimo.

El Filósofo Desconocido:
¿Porqué?

El Hermano Desconocido:
Porque el objetivo que se propone requiere el uso constante de sus facultades intelectuales, excepto en aquellos momentos de reposo corporal que exige la debilidad de la naturaleza física.

El Filósofo Desconocido:
¿y cuando tienen lugar tales momentos de reposo corporal que nuestras tradiciones conceden al Martinista?

El Hermano Desconocido:
Cuando el sol, manifestación visible del Centro Invisible de toda vida y toda luz, expande sobre cada criatura su influencia vivificante.

El Filósofo Desconocido:
¿Cuándo está, entonces, el Martinista dedicado a su trabajo?

El Hermano Desconocido:
Durante las horas de tinieblas físicas, en el profundo silencio de la meditación, cuando la iluminación, penetrando en el Centro mismo de la Naturaleza, descubre la fuente de toda naturaleza y de toda verdad y se une en espíritu con los agentes virtuosos del Pleroma.

El Filósofo Desconocido:
¿Qué hora es?

(Se dan 12 golpes lentos en un gong)
El Hermano Desconocido:
Es medianoche para los profanos, pero el sol intelectual se alza sobre esta asamblea.

(Aquí la luz central está encendida)

1. Lectura de la Carta del Consejo Supremo.

2. En pie y a la Orden, mis Hermanos.

(Todos los asistentes se levantan).
El Filósofo Desconocido:
¿Podéis vos, oh Maestro Asociado, unir la Logia que constituimos con los poderes visibles e invisibles que dirigen nuestra Venerable Orden?

El Maestro Asociado:
Sí, M.P.M. podemos por la invocación de los Maestros secretos de nuestra cadena astral, si los corazones de los Hermanos están impregnados por un deseo puro.

El Filósofo Desconocido:
Maestro Asociado, llamad a las influencias del Venerable Fundador de nuestra Orden.

El Maestro Asociado:
Oh, Martínez de Pasqually, tú que has fundado nuestra Orden con el apoyo de los Principios vivos del Invisible, protege esta Logia abierta a la Gloria del G∴A∴ del Universo. Y danos el sostén de las fuerzas secretas de la Orden en el Plano Astral.

El Filósofo Desconocido:
Además del fundador de la Orden, quiénes son nuestros apoyos del invisible, P. M. Iniciado?

El Maestro Iniciado:
Todos aquellos que trabajaron por la Gloria de nuestra Orden en el mundo visible y, sobre todo, los M.P.M. Louis-Claude de Saint-Martín, Jean-Baptiste Willermoz y todos sus discípulos en la Orden invisible.

El Filósofo Desconocido:
P.M. Iniciado, llamad a estos venerables Maestros.

El Maestro Iniciado:
Oh, Maestros invisibles de nuestra Orden, oh, vosotros que, siguiendo a Louis-Claude de Saint-Martín y a J.B. Willermoz habéis conocido la Luz secreta y habéis participado en sus actividades, vosotros que siempre habéis sido los Caballeros fieles de Ieschouah, el Reparador, venid a impregnar con vuestra influencia la obra que comenzamos hoy en día con el corazón puro y con ardientes deseos de perfeccionarnos física, moral y espiritualmente.

El Filósofo Desconocido: (Da tres golpes; los Hermanos se levantan).

Hermanos míos, unidos en cuerpo, seamos unidos en vida y en espíritu; invoquemos las influencias del Invisible, para que la luz visible deslumbre nuestros ojos.

El Filósofo Desconocido:
¡Venid a nosotros, oh Noudo- Raabts!

El Hermano Desconocido:
¡Venid, oh Ieschouah Omeros!

El Hermano Iniciado:
En el nombre de Yod-He-Shin-Vau-He.

El Hermano Asociado:
¡Por I.N.R.I., Amén!

(Silencio)
El Filósofo Desconocido:
Da tres golpes lentos.

El Hermano Desconocido:
Da tres golpes lentos.

El Hermano Iniciado:
Da un golpe.

El Filósofo Desconocido:
En el nombre del Consejo Supremo de la Orden Martinista, Nosotros, Delegados especiales a tal efecto, declaramos la Poderosa Logia N°.......... abierta para la Gloria de Ieschouah G∴A∴ del U∴ Y bajo los auspicios del Filósofo Desconocido, N. V. M. Sentaos, mis hermanos y hermanas.

PARTE III

10- Invocación De La Esfera:

A)

El Filósofo Desconocido está en oriente de cara a occidente. Declama la segunda clave Enochiana en castellano o en Enochiano, según cuales sean los conocimientos del Filósofo Desconocido.

B)

El Filósofo Desconocido declama la clave de los Treinta Aethers en castellano o en Enochiano:

¡Oh vosotros, cielos que moráis en el Primer Aether; sois poderosos en las regiones de la Tierra y ejecutáis el Juicio del Más Alto! A vosotros os digo: ved la cara de nuestro Dios, el comienzo del consuelo, cuyos ojos son la brillantez de los cielos. Él que os ha dado el gobierno de la Tierra y la diversidad indecible a vosotros, proveyéndoos de una fuerza inteligente, que puede disponer todo según la providencia de Aquél que está sentado en el Sagrado' trono y que se trazó al comienzo, diciendo: que la Tierra sea gobernada en las regiones en que ha sido dividida, de forma que su gloria sea siempre exuberante y fecunda. Que su orbe esté en armonía con los cielos y que ella sea obediente. Que una estación siga a otra y que ninguna criatura se le parezca, ni sobre ella ni en ella. Que todos sus miembros difieran entre ellos por sus cualidades y que ninguna criatura sea igual a otra. Las criaturas racionales de la Tierra, que se aflijan y se desarraiguen las unas de las otras y que las residentes olviden sus nombres. La obra del hombre y su pompa, que sean eficaces. Que sus edificios devengan tus guaridas para las bestias de los campos. Que la inteligencia de la Tierra sea confundida por las tinieblas. ¿por qué? Me arrepiento de haber creado al Hombre. Por un tiempo, que la guerra sea conocida. En otro tiempo, que sea alejada, porque ella es el lecho de una prostituta y la morada de Aquél que ha Caído.

Oh vosotros cielos, levantaos. ¡Los cielos inferiores que están por debajo vuestro, haced que os sirvan! Gobernad a aquellos que gobiernan. ¡Abatida aquellos que caen! ¡Creced con aquellos que crecen y destruid lo que está podrido!

Haced que ningún lugar permanezca solo en número.

¡Añadid y disminuid hasta que las estrellas sean enumeradas!

Preparaos, Venid y Apareced ante la Alianza de su boca, que él nos ha jurado en su justicia. Abrid los Misterios de vuestra Creación y haced que participemos de la Inmaculada Sabiduría."

C)

El Filósofo Desconocido se dirige al centro del templo y traza con la ayuda de su daga llameante el heptagrama de invocación al sol. Vibra simultáneamente la palabra **Chemech**.

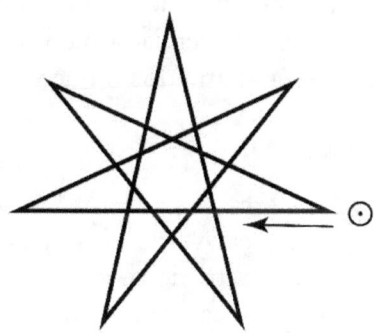

11- Conjuro:

A)

Los oficiales realizan 6 circunvalaciones alrededor del templo en el sentido horario.

B)

En el centro del templo, el Filósofo Desconocido invoca a **Ieschouah**. El nombre es vibrado al mismo tiempo que la cifra es trazada con la ayuda de una daga llameante. El Filósofo Desconocido vibra el nombre **Ieschouah**.

C)

Los oficiales y el Filósofo Desconocido declaman la intención.

Proclamamos el rito de fundación de una Logia de la Orden... (Nombre específico de la Orden). Esta ceremonia dará nacimiento y fundará en el invisible la potestad que le será propia.

Ella se convertirá en una entidad viva permitiendo el despertar y el progreso en la noble vía de los Hermanos y Hermanas que serán atraídos o que ya están presentes.

12- Súplica:

Los oficiales y los Hermanos y Hermanas se ponen de rodillas alrededor de la moqueta verde de la logia (en el centro del triángulo), formando un triángulo dirigido al oriente. Unen sus manos formando una cadena, la derecha de uno con la izquierda de otro y así seguidamente. El Filósofo Desconocido (A), el Hermano Desconocido (B) y el Hermano Iniciado (C) forman un triángulo inverso dirigido hacia el occidente.

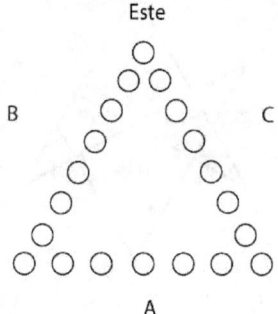

Todos se visualizan vestidos de ropajes amarillos ondulados y lo mismo respecto al templo.

Después de algunos momentos, todos vibran seis veces el nombre divino: **Iaveh Eloah ve Daat**.

PARTE IV

13- Instalación:

El templo es modificado según la descripción del Templo y operantes, Partes IV y V.

14- Gran Conjuro:

Los Hermanos y Hermanas se ponen de pie con la eso da dirigida hacia el sol. El Filósofo Desconocido está en centro del templo, de cara a oriente.

A) Se realiza el ritual mayor del hexagrama.

De cara al Este, trazar el hexagrama de la siguiente forma, a fin de invocar los poderes de la esfera solar.

Después de trazar el hexagrama, pronunciad el sagrado nombre **ARARITA** (Su traza comienza desde el punto central).

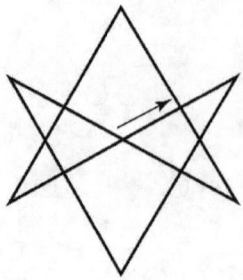

Trazad, con la ayuda de la espada o de la daga, un semicírculo a la altura del centro de vuestro hexagrama (altura del pecho) hasta colocaos de cara al Sur. Después trazad de nuevo la figura precedente e invocar el mismo nombre sagrado.

Proceded seguidamente de la misma manera al Oeste y al Norte.

B) Invocación de los Poderes invisibles:

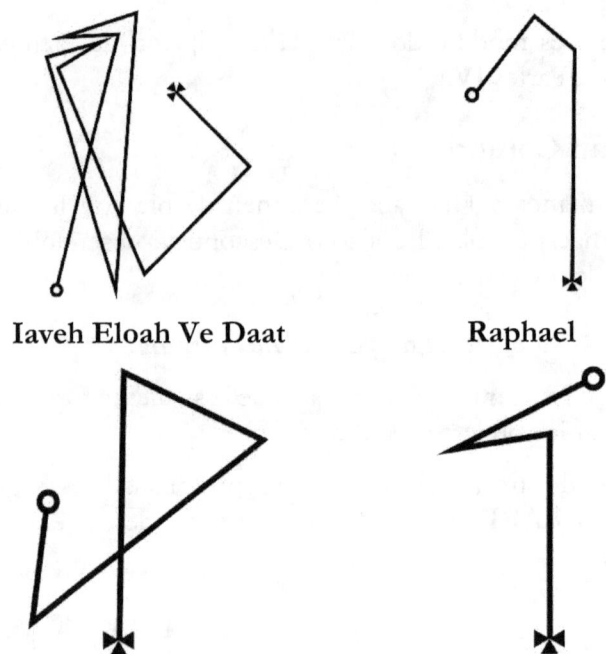

Iaveh Eloah Ve Daat   Raphael

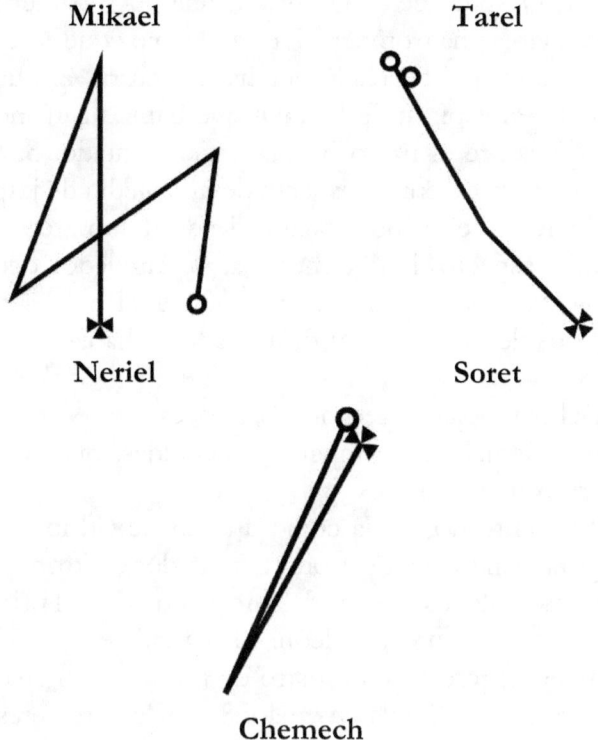

15- La Intención:

El Filósofo Desconocido declama la intención en la misma posición:

Proclamamos el rito de fundación de una Logia de la Orden........ (Nombre especifico de la Orden.) Esta ceremonia dará nacimiento y fundará en el Invisible la potestad que le será propia.

Ella se convertirá en una entidad viva permitiendo el despertar y el progreso en la noble vía de los Hermanos y Hermanas que serán atraídos o que ya se encuentran.

16- La Visión:

Apocalipsis:

IV-1. Después de ello miré y vi una puerta abierta en el cielo. Había una trompeta. La primera voz que entendí me dijo: Sube aquí y verás lo que ha de ocurrir. 2. Luego fui elevado en espíritu. Y he aquí que había un trono en el cielo, y sobre el trono había alguien sentado. 3. El que estaba sentado tenía el aspecto de una piedra de jaspe y de sardónica. Y el trono estaba rodeado de un arco iris que tenía el aspecto de la esmeralda. 4. Alrededor del trono había 24 tronos y sobre éstos 24 ancianos, sentados, vestidos de blanco, y sobre sus cabezas había coronas de oro.
5. Del trono salían relámpagos, voces y truenos. Ante el trono quemaban 7 lámparas encendidas, que son los 7 espíritus de Dios.
6. Ante el trono, había como un mar de vidrio, parecido al cristal. En medio del trono y alrededor del trono, cuatro seres vivos llenos de ojos delante y detrás. 7. El primer ser vivo era semejante a un león. El segunda era semejante a un buey, el tercero con rostro de hombre y el cuarto era semejante a un águila en vuelo. 8. Los cuatro seres vivos tenían 6 alas cada uno. Estaban repletos de ojos por fuera y por dentro. No cesaban de decir de día y de noche: ¡Santo, santo, santo es el Señor Dios Todopoderoso "que fue, es y será"!
9. Y cuando los seres vivos rindan gloria, honor y acción de gracias a aquél que está sentado en el trono, a aquel que vive por los siglos de los siglos. 1O. Los 24 ancianos se postrarán ante el que está sentado en el trono. Adorarán a aquél que vive por los siglos de los siglos y colocarán sus coronas ante el trono, diciendo: 11. Tú eres digno, nuestro Señor y nuestro Dios, de recibir la gloria, el honor y el poder, porque tú has creado todas las cosas si es por tu voluntad que ellas existen y que ellas fueron creadas.
V-1. Después vi en la mano derecha de aquél que estaba sentado en el trono un libro escrito por dentro y por fuera,

sellado con 7 sellos. 2. Y vi un ángel poderoso que proclamaba de viva voz: ¿Quién es digno de abrir el libro y de romper los sellos? 3. Pero nadie en el cielo, ni sobre la tierra, ni bajo ella, podía abrir el libro, ni leerlo. 4. Y yo lloraba mucho, porque nadie fue encontrado digno de abrir el libro ni de leerlo. 5. Y uno de los ancianos me dijo: No llores; he aquí que el león de la tribu de Judá, el vástago de David, ha venido para abrir el libro de los siete sellos. 6. Y he visto en medio del trono y de los cuatro seres vivos y en medio de los ancianos un Cordero de pie, que parecía inmolado. Tenía siete cuernos y siete ojos, que son los siete espíritus de Dios enviados por la tierra. 7. Vino a recibir el libro de la mano derecha de aquél que está sentado en el trono. 8. Cuando hubo recibido el libro, los 4 seres vivos y los 24 ancianos se postraron ante el Cordero. Tenían cada uno un arpa y unas copas de oro repletas de perfumes, que son las plegarias de los santos. 9. Y cantaban un nuevo cántico, diciendo: Tú eres digno de recibir el libro y de abrir los sellos, porque has sido inmolado y has redimido por Dios, por tu sangre, a los hombres de todas las tribus, de todas las lenguas, de todo pueblo y de toda nación; tú has hecho de ellos un reino, y unos sacrificadores para nuestro Dios, y ellos reinarán sobre la tierra.
11. Miré y escuché la voz de muchos ángeles alrededor del trono de los seres vivos y de los ancianos, y su número era de miríadas de miríadas y de millares de millares. 12. Decían en alta voz: El Cordero que ha sido inmolado es digno de recibir poder, riqueza, sabiduría, fuerza, honor, gloria y alabanza. 13. Y todas las criaturas del cielo, de la tierra, bajo la tierra y en el mar; y todo lo que en ellas se encuentra, comprendí lo que decían: ¡A aquél que está sentado sobre el trono y al Cordero, la alabanza, el honor; ¡la gloria y el poder por los siglos de los siglos! 14. Y los 4 seres vivos decían: ¡Amén!

También, oh "TALEH ATIK", dígnate transmitir tu bendición y tu poder a la egrégora de esta Logia............... (Nombre de la Logia) hasta su destrucción final por las fórmulas adecuadas.

Todos se sientan en sus lugares y permanecen unos minutos en silencio.

PARTE V

17- El Resplandor Del Ser:

Todos se visualizan en silencio vestidos con túnica blanca centelleando rayos dorados.

18- Proclamación:

El Filósofo Desconocido se levanta y de cara a Occidente declara:
La Logia .... (Nombre de la Logia) de............... (Lugar) ha nacido en el plano visible y en el invisible. Es ahora una entidad viva permitiendo el despertar y el progreso de los Hermanos y Hermanas que recorran la vía de la Luz.

Todos se sientan y meditan silenciosamente durante algunos instantes.

19- Bendición:

A)

Después el Filósofo Desconocido declara:
¡Hermanos y Hermanas levantaos!
Todos agradecen la presencia de los poderes presentes en el templo. El Filósofo Desconocido declama entonces:
Oh Poderes presentes en este lugar; os agradecemos y nos congratulamos por vuestra presencia, por el Santísimo

Nombre del Eterno Iaveh y de su hijo, nuestro Maestro y Señor Ieschouah. ¡Sed bienvenidos! ¡Sed bienvenidos! ¡Sed bienvenidos!

B)

El Filósofo Desconocido se dirige al centro del templo, de cara a Oriente. Entonces cuando sus Hermanos y Hermanas permanecen de pie, cumple el rito de destierro del heptagrama. Su trazo es hecho en las cuatro direcciones: Norte, Oeste, Sur y Este, comenzando por el centro de la figura. No se vibra ningún nombre mientras se realiza el trazado.

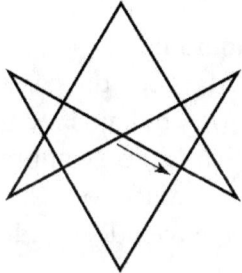

20- Congratulaciones:

A)

Todos se unen profundamente para agradecer a los poderes de la esfera. **El Filósofo Desconocido:**
Oh Poderes de Chemech, os agradecemos vuestra presencia, por el Santísimo Nombre del Eterno Iaveh y de su hijo, nuestro Maestro y Señor Ieschouah. ¡Sed bienvenidos! ¡Sed bienvenidos! ¡Sed bienvenidos!

B)

El Filósofo Desconocido, siempre de cara a Oriente cumple el destierro del heptagrama del sol, sin ninguna vibración.

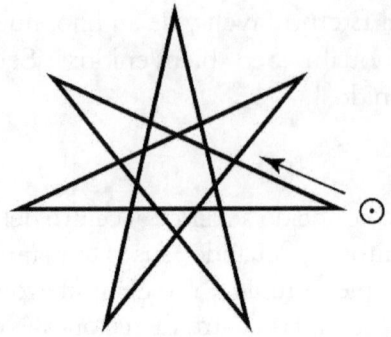

21- La Retirada:

A)
El Filósofo Desconocido:
Os agradecemos, Maestros del pasado, haber estado con nosotros en estos trabajos. Agradecemos Vuestra presencia, por el Santísimo Nombre del Eterno Yaveh y de su hijo, nuestro Maestro y Señor Ieschouah. ¡Sed bienvenidos! ¡Sed bienvenidos! ¡Sed bienvenidos!

Los oficiantes cumplen tres circunvalaciones alrededor del templo, a partir de oriente, en el sentido contra horario. El Filósofo Desconocido vuelve al centro y declara:
¡Pax In Lux!

22- Pax In Lux:

Los oficiantes y todos los Hermanos y Hermanas forman la cadena en el centro del templo y recitan el Padre Nuestro seguido del Ave Maria y la plegaria a los Ángeles Guardianes.

Pater noster (texto en castellano):
Padre Nuestro, que estás en los cielos. Santificado sea tu nombre. Venga a nosotros tu reino. Hágase tu voluntad, así en la tierra como en el cielo. Danos hoy nuestro pan de cada día. Y perdona nuestras culpas, así como nosotros perdonamos a nuestros deudores. Y no permitas que

caigamos en la tentación. Líbranos de cualquier mal. ¡Amén!

Pater noster (texto en latín): Pater noster, qui est in coelis, sanctificetur Nomen Tuum; adveniat Regnum Tuum ; Fíat Voluntas Tua, sicut et in caelo et in terra. Panem nostrum quotidianum da nobis hodie et dimitta nobis debita nostra, sicut et nos dimittimus debitoribus nostris, et ne nos inducas in tentationem, sed libera nos a malo. Amen!

Pater noster (pronunciación del texto hebreo): Avinou chébachamaïm, itquadach chméra, tavo malroutéra iéasseh rétsonéira kmo bachamaïm ken baaretz. Et lereum rouquénou ten lanou aiom. Ouslar lanou eut rovoténou, quaacher salarnou gam anarnou léraiavénou. Veal tviénou lidé nissaïon ki im raltsénou min ara, ki léra hamamlérah veagvourah vehatiphéreth leolmé olamim; ¡Amén!

Ave Maria (texto en castellano): Dios te salve Maria, llena eres de gracia; el Señor es contigo; bendita seas entre todas las mujeres, y bendito es el fruto de tu vientre: Jesús. Santa Maria, Madre de Dios, ruega por nosotros, pecadores, ahora y en la hora de nuestra muerte. ¡Amén!

Ave Maria (texto en latín): Ave Maria, gratia plena, Dominus tecum, benedicta tu in mulieribus, et benedictus fructus ventris tui, Jesus. Sancta Maria, Mater Dei, ora pro nobis peccatoribus, nunc et in hora mortis nostrae. ¡Amen!

A los Ángeles guardianes: Ángeles de Dios, guardianes que la bondad divina nos ha confiado, iluminadnos, protegednos, dirigidnos y gobernadnos. ¡Amén!

-Se apagan las luces.

-Los Hermanos y Hermanas abandonan el templo conducidos por el Hermano Guardián.

-Los oficiales permanecen algunos momentos en silencio y después abandonan a su vez el templo. *Sâr ADAD*

Práctica de la Cruz Kabalística

Esta práctica es un clásico de los textos y los ritos contemporáneos que se encuentra bajo la misma forma en las diversas tradiciones occidentales. Fue elaborada en el seno de la Golden Down, pero es de esencia cabalística y puede ser utilizada por todos aquellos que desean aprovechar su potestad y su poder.

La cruz cabalística tiene por objetivo intensificar la energía de los dos ejes de la personalidad humana, la vertical y la horizontal. Esta energización aumenta la energía vibratoria personal, permitiendo estabilizar el ser y el pensamiento. Los nombres de poder están para generar una imantación de los sephiroth del árbol de la vida, dado que la cruz es trazada en este esquema de cuerpo invisible y arquetípico.

No es preciso conocer en absoluto la teoría para poder aprovechar los beneficios aportados por esta meditación dinámica.

Se hace de cara al Este, de pié y en silencio. Los brazos están relajados a lo largo del cuerpo. (Podéis practicar este ejercicio con la ayuda de una daga o a mano desnuda).

Inspirad visualizando una esfera luminosa por encima de vuestra cabeza. Expirad y haced descender la luz hacia vuestra frente. Inspirad y tocad vuestra frente con la punta de vuestra daga o con el índice, visualizando una intensificación de la luz.

Después, pronunciad, expirando, el sonido **ATAH**.

Inspirad visualizando un descenso de luz vertical hacia el centro sexual y trazad una línea imaginaria a algunos centímetros de vuestro cuerpo con la ayuda del útil utilizado. Paraos sobre el centro situado aproximadamente 3 dedos sobre el ombligo y tocadlo.

Expirad vibrando el sonido **MALKOUT**.

Inspirad visualizando una columna de luz que finaliza su descenso hasta los pies y penetra en el suelo. Vuestro cuerpo es entonces una columna que une el cielo con la tierra.

Inspirad manteniendo vuestro útil sobre el hombro derecho. Vibrad entonces expirando el sonido **OU GUEVOURAH**.

Inspirad visualizando la luz de este centro extendiéndose hacia el hombro izquierdo, mientras que trazáis una línea imaginaria horizontal a algunos centímetros de vuestro cuerpo con la ayuda del útil utilizado. Deteneos sobre el centro situado en el hombro izquierdo y tocadlo.

Expirad vibrando el sonido **OU GUEDOULAH**.

Dejad los brazos extendidos a lo largo del cuerpo. Inspirad y visualizad que esta línea de fuerza horizontal se extiende hacia el infinito por los dos lados de vuestro cuerpo. Expirad tranquilamente.

Si habéis utilizado una daga, depositadla sobre el altar. Después cruzad los brazos sobre el pecho, el derecho sobre el izquierdo. La punta de los dedos debe llegar aproximadamente sobre las clavículas.

Inspirad visualizando un centro radiante de luz y de fuerza al nivel de vuestro pecho y vibrad expirando el sonido **LE OLAM VE AD**.

Permaneced algunos segundos en esta posición respirando tranquilamente. Después relajad vuestros brazos y pasad seguidamente a vuestros trabajos o ejercicios.

Ritual Martinista Operativo

Este rito, compuesto para reforzar la egrégora de un grupo, se inspira en los textos y en la estructura del ritual Martinista operativo y general, que fue compuesto para los Martinistas de todos los grados que formaban parte de la Unión de Ordenes

Martinistas. También lo describen Philippe Encausse (Jean) y Robert Ambelain (Aurifer):

...este rito tiene por objeto permitir a todos los Martinistas dispersos por el mundo, sea cual sea su grado iniciático, sea cual sea su pertenencia, operar conjunta y solidariamente, en ciertas épocas mensuales, en la Obra común, de la Reintegración Universal.

La presente ceremonia, a fin de que sea seguida por Martinistas pertenecientes a los dos modos: operativo y cardíaco, es necesariamente mixta, relevante de las dos vías tradicionales...

De la misma forma que las fórmulas de purificación y de bendición, ha sido rectificado dentro del espíritu del rito para tender al máximo de eficacia y evitar obstáculos con perspectivas teológicas inútiles en una operación de este tipo.

Tiempo: domingo siguiente a la Luna Llena, entre la puesta del sol y la medianoche (Hora Solar).

Decoraciones personales: el oficiante llévalas decoraciones de su grado.

Altar: tela de color rojo.

Orientación: el altar está emplazado en el Este del lugar de trabajo, el oficiante se encuentra en el Oeste, de cara al Este.
Equipo sobre el altar:

1. El candelero

2. El incensario

3. La espada, punta en dirección al Este

4. El Pentáculo

5. La lamparilla

6. La vela de los Maestros del pasado

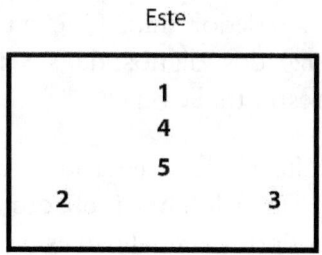

El Pentáculo es emplazado sobre el eje Este-Oeste, a media distancia del candelero y del borde Oeste del altar. El incensario está próximo al borde Norte. La espada está en el eje Este-Oeste, próxima al borde Sur.

Sacramentario:

Es fundamental que los objetos utilizados en el rito estén consagrados. Sin embargo, no es necesario que esta consagración sea efectuada en cada operación. Es posible renovarla después de la limpieza de tal o cual utensilio. Podéis informaros en las plegarias de exorcismo y de bendición para las fórmulas de preparación.

1. Purificaciones y vestuario:

Lavaos las manos y el rostro con agua fresca o fría. Bebed un poco de agua y después id hacia el lugar donde vais a vestiros.

Vestíos con la túnica blanca diciendo:
Blanquéame Señor y purifica mi corazón, a fin de que, siendo lavado por la sangre del cordero, pueda gozar un día de las alegrías eternas mi alma al fin reconciliada. Que la pureza de esta túnica se refleje en mi ser y que así pueda progresar hacia mi reintegración espiritual.

Encintarse el cordón negro alrededor de la cintura diciendo:
Dígnate Señor misericordioso, apagar en mí el ardor de las pasiones malvadas a fin de que la virtud, la fuerza y la

pureza permanezcan en mí. Que este vínculo sea la cadena visible que me une a los Maestros del pasado presentes en este instante alrededor mío. Que en cada instante mis actos sean juzgados dignos de ser inscritos sobre las páginas de nuestra tradición.

Preparad eventualmente las decoraciones del grado diciendo:
Concédeme, Oh Elohim Tsebaoth, poder conservar siempre en el honor y la fidelidad este ornamento precioso de mi Regeneración y que este tahalí permanezca por mis actos como Símbolo de las victorias sobre el vicio y la adversidad. ¡Amén! (✠).

(Haced el signo de la cruz sobre vuestro cuerpo).

Entrad en el oratorio e instalad el altar después de haber dicho:
Que todo sea dispuesto según tu palabra Señor Todo poderoso, Tú que regulas todo con medida, número y peso. ¡Amén! (✠).

(Haced el signo de la cruz sobre vuestro cuerpo.)

2. Apertura:

La habitación está iluminada por una lamparilla o una pequeña luz que se apagará seguidamente.

Haced el signo de la cruz (✠) de pie, de cara al altar y al Este. Después decid:
Venerables Maestros que habéis franqueado las Puertas y cumplido el último viaje, escuchad mi llamada. Presentaos ahora en esta ceremonia que cumplo en unión de corazón y espíritu con todos los hermanos y hermanas de nuestra cadena oculta.

Acercaos a la lamparilla, encendedla otra vez y encended la vela de los Maestros del pasado.

Colocaos una vez más delante de la lamparilla, elevad las manos hacia el cielo y decid:

"Yó te invoco, Oh Uriel, a fin de que tu fuego espiritual conflagre la materia que consagro en este lugar al Eterno. Que el fuego elemental que en ella reside se una al tuyo para contribuir a la Luz espiritual de los Hombres de Deseo, mis hermanos y hermanas, y que sean todos, así, animados por tu Fuego de vida.

Encended la vela del altar diciendo:

Luz misteriosa y Divina, Fuego sagrado, Alma del universo, Principio eterno de los Mundos y de los Seres, alumbra mi espíritu y mi corazón y expande en mi alma el fuego vivificante de la Verdad.

Que esta operación sea hecha bajo los auspicios del Gran Arquitecto de los Mundos y que estas llamas iluminen mi ser con su claridad.

Permaneced algunos instantes en silencio. Después pasar vuestras manos por encima de la llama, y, una vez calentadas, pasadlas sobre vuestro rostro. Haced esto tres veces.

Después, decid.

Oh, Luz pura, que tu poder me permita recordar todo aquello que me será comunicado por los Espíritus que yo invoque gracias a la potestad que está en mi desde los orígenes. Perennemente distinguir y retener las cosas justas y verdaderas por la mayor gloria del Pensamiento eterno, de la voluntad eterna y de la acción eterna. ¡Amén! (✠).

(Haced el signo de la cruz sobre vuestro cuerpo).

Apagad la lamparilla del comienzo.

Encended seguidamente el carbón y depositadlo en el incensario. Después decid:

Oh, Fuego, yo te purifico, te bendigo (✠) y te santifico en el Nombre del Eterno Ieschouah que te ha creado y que se apareció a Moisés bajo el aspecto de una zarza ardiendo. Sé, como antaño en el altar de los perfumes del Santo templo de Jerusalén, el instrumento que conduce al trono del Eterno, el incienso que es debido a su Gloria y a su Bondad. ¡Amén! (✠).

(Extended el brazo hacia adelante, con las palmas de las manos abiertas hacia arriba. Después decid.

Ven, oh Espíritu Santo y rodea el fuego que te está consagrado para ser tu trono radiante y dominante sobre todas las regiones del mundo universal. Que tu poder llene este lugar de luz y de calor alejando todo Espíritu de las Tinieblas, de la perversidad y de la confusión, a fin de que mi alma pueda aprovechar el fruto de los trabajos de aquellos que se han convertido dignos de ser penetrados de ti. ¡Amén! (✠).

(Haced el signo de la cruz sobre vuestro cuerpo).

Derramad el incienso sobre las brasas y haced una primera circunvalación alrededor del altar, diciendo:

Oh Eterno, que este incienso que te ofrezco en este lugar sea una verdadera imagen de la pureza de mi intención y de mi palabra, por la mayor gloria y justicia.

Echad más incienso y proceded a la segunda circunvalación, diciendo:

Oh Eterno, que este perfume que te ofrezco en testimonio de la pureza de mi alma tenga el mismo logro que aquel que te ofreció Probable en el seno de Babilonia para la liberación del pueblo de Israel. Libérame de las tinieblas que me aprisionan y me impiden percibir tu luz y tu ciencia. Que mis palabras sean cumplidas, siempre que sean conformes a la virtud.

Echad más incienso y proceded a la tercera circunvalación, diciendo:

Oh Eterno, que mi plegaria sea, en lo sucesivo, el verdadero perfume que te ofrezco. Que este perfume sea la expresión del fervor con el cual te invoco para mi regeneración, a fin de que yo pueda ser así, con sinceridad, unido a aquél que tú has dado el propósito de guiarme, haciéndolo mi Guardián. Así, entonces, te invoco en este lugar, guardián protector, que no puedo verte con mis ojos carnales. Sé mi consejero, mi guía y mi apoyo en este mundo y en el otro, para tu mayor gloria y para mi perfecta santificación. ¡Amén!

3. La evocación de las fuerzas:

Dejad el incensario sobre el altar y siempre de cara al Este extended los brazos hacia delante con las palmas de la mano mirando hacia arriba. Después decid:

Oh Eterno, Dios inefable, Padre de todas las cosas, Tú que ves y abarcas todo, escucha mi plegaria y atiéndeme. Concédeme el recogimiento, el fervor, la sinceridad necesaria para los sentimientos que quiero expresar. Sedme propicio, oh Padre inefable, así como aquellos por los que yo me dirijo hacia ti. Por mis hermanos y hermanas en la Orden, por mis familiares, amigos, enemigos, por los vivos y por los muertos, como por todas las criaturas, oh Señor misericordioso... Atiéndeme y concédeme el don de rezar con eficiencia. Yo me pongo en tus manos oh Padre, sé mi protector. ¡Amén! (✠).

Y vosotros, mis Santos Patrones, Espíritus libres de los lazos de la materia, vosotros que gozáis en lo sucesivo del fruto de vuestras virtudes y que yo he tenido la suerte de llevar los nombres, os conjuro para contribuir a mi eterna salud por vuestra santa intercesión y por vuestra protección junto al Padre de misericordia, junto a los hijos del Redentor, junto al Espíritu Santo conservador.

Obtened para mí y para todos mis hermanos las gracias de la divinidad, sus favores, su clemencia que os recompensan hoy día de los combates que habéis de librar en esta morada en la que yo me encuentro aún. Haced que, por vuestra asistencia saludable, yo viva y yo muera como vosotros, en la paz, en la alegría y en la santidad. ¡Amén! (✠).

Y tú, oh espíritu puro, mi guardián encargado por el Eterno de velar por mí para la reconciliación de mi ser espiritual, te conjuro por el nombre de Dios misericordioso, para venir al auxilio de mi alma todas las veces que esté en peligro de sucumbir ante el vicio, todas las veces que ella te llamará por sus deseos, sus suspiros y sus meditaciones, todas las veces que ella tendrá hambre y sed de consejos, de instrucciones y de inteligencia. Ayúdame, oh mi guardián, a obtener la asistencia y la protección de los patrones que acabo de invocar como espíritus y los que me quedan por evocar en esta operación. Por el nombre de Ieschouah, ¡Amén! (✠).

4. La obra taumaturgia:

Meditad unos instantes y orad por la paz en el mundo:
Oh Dios eterno, Señor misericordioso, dígnate otorgar la paz a los hombres a fin de que nuestros corazones permanezcan en la luz de la virtud y estén lejos de la perversa influencia de los enemigos. Que nuestros días sean tranquilos bajo tu protección y aquella de tus ángeles, así como la vida de las naciones. Por el nombre de Ieschouah, ¡Amén! (✠).

Meditad algunos instantes y orad para que las catástrofes ligadas a la tierra sean evitadas a la humanidad:
Dios todopoderoso y eterno, Tú que has creado el Cielo y la Tierra y les has dado su permanente estabilidad original, te pido unir a las criaturas golpeadas por las entrañas de la

tierra. Haz que ninguna transformación o catástrofe suponga la muerte de las criaturas humanas. Por el nombre de Ieschouah, ¡Amén! (✠).

Meditad algunos instantes y orad para que las catástrofes ligadas al agua sean evitadas a la humanidad:

Dios todopoderoso y eterno, Tú que te has dignado santificar las aguas de este mundo, haz que surja el agua viva de la fuente de Horeb, utilizada en el Jordán para el bautismo de Tu divino Hijo. Te pido que, con la ayuda de tus ángeles y de tus santos, no seamos víctimas de los arrebatos de las aguas bajo ninguna forma: tempestades, mareas, trombas o ciclones que sean alejadas de los lugares donde habitan tus criaturas. Por el nombre de Ieschouah, ¡Amén! (✠).

Meditad algunos instantes y orad para que las catástrofes ligadas al aire sean evitadas a la humanidad:

Dios todopoderoso y eterno, Tú que te has dignado santificar el soplo del Aire elemental el día de Pentecostés, cuando hiciste descender el Espíritu Santo sobre los apóstoles en asamblea bajo la forma de un "gran viento", te pido que, con la ayuda de tus ángeles y tus santos, la rabia de las tempestades, la vorágine de las trombas y ciclones se mantengan alejados de los lugares donde habitan tus criaturas. Por el nombre de Ieschouah, ¡Amén! (✠).

Meditad algunos instantes y orad para que las catástrofes ligadas al fuego sean evitadas a la humanidad:

Dios todopoderoso y eterno, Tú que te has dignado manifestarte a Moisés bajo la forma de una zarza ardiendo y que hiciste descender tu Espíritu Santo sobre los apóstoles y los discípulos bajo la forma de lenguas de fuego en el Pentecostés, te pido que con la ayuda de tus ángeles y tus santos, las llamas del fuego subterráneo, aquellas de los incendios terrestres y aquellas provocadas por el fuego celeste se hallen lejos de los lugares donde viven y habitan tus criaturas. Por el nombre de Ieschouah, ¡Amén! (✠).

Meditad algunos instantes y orad para que las epidemias sean evitadas a la humanidad:
Dios todopoderoso y eterno, Tú que te has dignado curar a Israel, errante en el desierto y víctima de las mordeduras de las sapientes ardientes, te pido en memoria de la fe de tu pueblo, por los méritos de la serpiente de bronce, tu divino Hijo, separar de todas las criaturas las enfermedades y epidemias que las amenazan de una muerte cruel y mantenerlas en la salud del cuerpo y del alma. Por el nombre de Ieschouah, ¡Amén! (✠).

Meditad algunos instantes y orad por los frutos de la tierra:
Dios todopoderoso y eterno, Tú que has creado todas las cosas para utilidad del género humano, dígnate esparcir los beneficios de tu benevolencia sobre la superficie de este mundo temporal. Por ello nosotros buscamos con mayor confianza aún el Pan de la vida eterna. Otorga a todas tus criaturas el alimento cotidiano y que todas ellas no sufran del espectro del hambre, de la sed, de la miseria y de la muerte. Por el nombre de Ieschouah, ¡Amén! (✠).

Meditad algunos instantes y orad por las almas errantes:
Dios todopoderoso y eterno, Tú que has salvado a los hijos de Israel de los ataques de las serpientes ardientes durante el largo exilio de 40 años por el desierto, te pido otorgar a las almas errantes perdidas en las tinieblas del más allá la gracia de escapar de los espíritus malvados y encontrar la luz de la divinidad. Por el nombre de Ieschouah, ¡Amén! (✠).

Meditad algunos instantes y orad por los enfermos, los afligidos y los prisioneros:

Dios todopoderoso y eterno, te pido otorgar a todos los débiles, enfermos, afligidos y prisioneros, la salud, la libertad y que también puedan encontrar el camino de la divinidad. Por el nombre de Ieschouah, ¡Amén! (✠).

Meditad algunos instantes y orad por los espíritus que residen en el seno del reino mineral:

Dios todopoderoso y eterno, creador de todos los seres, te pido ayudar a todos los espíritus encerrados en el seno de la naturaleza mineral. Permíteles encontrar el camino hacia el perfeccionamiento, la luz y la divinidad. Por el nombre de Ieschouah, ¡Amén! (✠).

Meditad algunos instantes y orad por los espíritus que residen en el seno del reino vegetal:

Dios todopoderoso y eterno, creador de todos los seres, te pido ayudar a todos los espíritus encerrados en el seno de la naturaleza vegetal. Permite les encontrar el camino hacia el perfeccionamiento, la luz y la divinidad. Por el nombre de Ieschouah, ¡Amén! (✠).

Meditad algunos instantes y orad por los espíritus que residen en el seno del reino animal:

Dios todopoderoso y eterno, creador de todos los seres, te pido ayudar a todos los espíritus encerrados en el seno de la naturaleza animal. Permíteles encontrar el camino hacia el perfeccionamiento, la luz y la divinidad. Por el nombre de Ieschouah, ¡Amén! (✠).

Meditad algunos instantes y orad para que los espíritus malfactores sean alejados de la tierra:

Dios todopoderoso y eterno, creador y defensor del género humano, Tú que has formado al primer hombre y todas las almas preexistentes en él, a tu imagen y semejanza, escucha mi plegaria y dirige tu mirada hacia mí. Aleja de la tierra todos los poderes malvados y perversos de forma que el poderoso signo que trazamos en nuestra frente sea la marca luminosa de tu presencia y de nuestra divinidad. Que así sean defendidos nuestra alma y nuestro cuerpo. Por el nombre de Ieschouah, ¡Amén! (✠).

Trazad sobre vuestra frente el signo Tau.

Meditad algunos instantes y orad por la salud de los espíritus malvados:

Dios todopoderoso y eterno, te pido justicia y misericordia por los espíritus malvados y perversos. Haz que un rayo de tu divina luz despierte al fin y para siempre la bondad, la alegría y el deseo de per afección de los espíritus esclavos del vicio. Por el nombre de Ieschouah, ¡Amén! (✠)

Meditad algunos instantes y recitad el salmo 68:

¡Que Dios se alce y que sus enemigos sean dispersados! ¡Que sus adversarios huyan ante su presencia! De la misma manera que el humo se disipa, que el cirio se funde ante el fuego, que así desaparezcan los espíritus malvados. Que los justos se regocijen y alegren ante Dios. ¡Cantad entonces en honor a Dios, salmodiad en su honor! Abolid el camino a aquél que cabalga en los planos, porque Eterno es su nombre. Dios, en su santa residencia, es el Padre de los huérfanos y el defensor de las viudas. Dios hace que los solitarios habiten en una casa, hace salir a los prisioneros para su satisfacción, pero solo los rebeldes permanezcan en los áridos lugares. Por el nombre de Ieschouah, ¡Amén! (✠).

5. Clausura del rito:

Meditad algunos instantes y recitad el salmo 133:

¡Ah, qué bueno y qué dulce es para los hermanos vivir en estrecha unión! Es como el aceite perfumado sobre la cabeza que desciende sobre la barba, la barba de Aarón, y humedece el borde de su túnica; como el rocío del monte Hermón que desciende sobre los montes de Sión; porque es allí que Dios ha colocado su bendición, la vía feliz para la eternidad.

Dirigíos ahora a los espíritus invocados durante la operación:
Espíritus celestes que me habéis asistido, os doy las gracias. Que la paz de Dios sea siempre entre vosotros y yo. Dignaos continuar protegiéndome, tanto a mi como a mis hermanos y hermanas, con vuestra santa e inteligente protección. Podamos vosotros y yo, ser siempre y para siempre inscritos en el Libro de la Vida. Por el nombre de Ieschouah, ¡Amén! (✠)

Apagad la luz del altar diciendo:
Que en el mundo invisible sea restituida la luz invisible y espiritual, como también la llama elemental es restituida a su fuente natural elemental. Pero que el fuego divino y la luz divina permanezcan en mi alma y en aquellas de mis hermanos por siempre jamás. Por el nombre de Ieschouah, ¡Amén! (✠).

Apagad la luz de los Maestros del pasado con silencio y recogimiento.

Después, dad 7 toques y terminad con el signo de la cruz cabalística o clásica.

Plegarias de exorcismos y de consagraciones

Es fundamental que los objetos utilizados en los ritos sean consagrados. Sin embargo, no es necesario que esta consagración sea hecha en cada operación. También es posible renovarla después de la limpieza de tal o cual vestido o utensilio.

Todas las plegarias tienen como fuentes: 1° Robert Ambelain en su Sacramentario de la Rosa-Cruz y algunos de sus otros escritos; 2° La tradición y el ritual católico. Nosotros, sin embargo, hemos adaptado ciertas partes o frases que la experiencia nos ha indicado como siendo inútiles o perjudiciales para una verdadera operatividad. Este es uno de los primeros aspectos del trabajo de revisión hecho en esta tradición.

Sacralización de la Túnica y el Cordón:

(Elevad los dos brazos hacia el cielo con las palmas abiertas y pronunciad el texto siguiente)

> Señor; Tú que has hecho el Cielo y la Tierra, Escucha mi voz que sube hacia Ti. Mi fuerza está en Tu Nombre, Y con respeto lo invoco. Dame, Oh Señor, tu paz y tu poder Para que pueda participar de la Obra divina.

(Extended las manos con las palmas hacia abajo sobre la túnica y el cordón, para bendecirlos. Debéis trazar el signo de la cruz (✠) sobre éstos.

Se traza con el índice y el mayor abiertos y con los otros tres dedos cerrados, el pulgar tocando el anular):

Por el nombre del Altísimo y en presencia de los Poderes Celestes, os invoco, (✠) Túnica y Cordón, vestidos sagrados que destino al Culto de mi Regeneración Celeste.

(Trazad seguidamente encima de ellos el signo del pentagrama evanescente permitiendo purificarlos, según se indica la traza aquí seguida. (✠) Después continuáis con el siguiente texto).
Estad a partir de ahora al abrigo de todo poder desarmonioso y acción de las criaturas satánicas, sean cuales sean.
No conservéis en vosotros ninguna fuerza o influencia malvadas.

(Pasad los vestidos sobre el humo del incienso, que previamente habréis encendido).
Por el poder del Señor, Dios Eterno, Santificador Todopoderoso, que en este momento seáis vestidos inmaculados (✠), benditos (✠), puros (✠) y radiantes (✠) capaces de asistirme en la obra en la cual trabajo. Que así sea por el Poderoso Nombre de Ieschouah. Amén (✠).

(Haced este último signo de la cruz sobre sí mismo).

SACRALIZACIÓN DE LA DAGA (O DE LA ESPADA):

(Elevad los dos brazos hacia el cielo con las palmas abiertas y pronunciad el texto siguiente)
   Señor, tú que has hecho el Cielo y la Tierra,
    Escucha mi voz que sube hacia Ti.
    Mi fuerza está en Tu Nombre, Y con respeto lo invoco.
    Dame, Oh Señor; tu paz y tu poder
    Para que pueda participar de la Obra divina.

(Extended las manos sobre la daga)

Por el nombre del Altísimo, Jahveh Tsebaoth, el Señor de los ejércitos y en presencia de los Poderes Celestes, te exorcizo (✠) Criatura de metal que destino al Culto de mi Regeneración Celeste.

(Después trazad el signo del pentagrama evanescente)
Que los poderes des armoniosos y nocivos desaparezcan en este instante. Conviértete en una hoja exorcizada, una daga (o espada) de Justicia que mi mano de Hombre de Deseo pueda blandir hacia su creador.

(Pronunciando esta frase, pasad la daga por el humo del incienso que habréis anteriormente encendido, después elevadla algunos instantes hacia el cielo).
Dios Eterno y Todopoderoso, en tu mano reside tu Victoria. Tú has dado a David una fuerza prodigiosa que le ha permitido vencer a Goliat. Yo te pido ahora que me otorgues la fuerza y la autoridad para bendecir esta daga (o espada) a fin de que la consagre para la Obra divina.
Por el poder de Dios todopoderoso, que esta daga sea en este instante bendecida (✠), purificada (✠) y cargada de poder (✠). Que se convierta en capaz de asistirme en todas las operaciones cuando sea necesaria, que sea para dirigir el poder invisible o para actuar sobre tal o cual Criatura. Que así sea por el Poderoso Nombre de Ieshouah. Amén (✠).

(Haced el último signo de la cruz sobre uno mismo.)

Sacralización del incienso:

(Elevad los dos brazos hacia el cielo con las palmas abiertas y pronunciad el texto siguiente):
Señor; Tú que has hecho el Cielo y la Tierra,
Escucha mi Voz que sube hacia Ti.

Mi fuerza está en Tu Nombre, Y con respeto lo invoco.
Dame, Oh Señor; tu paz y tu poder
Para que pueda participar de la Obra divina.
Oh Mikael, Bienaventurado Arcángel, Tú que estás de pié a la derecha del altar de los perfumes, escucha mi llamada y dirige tus poderes hacia mí.
Oh vosotros Ángeles, Santos y Elegidos venid hacia mí.
Oh Tú Señor; dame tu fuerza.

(Extended las manos por encima del incienso.)
Que todo aquello que podría obstaculizar la utilización de esta sustancia sea rechazado en este instante.

(Trazad el signo del pentagrama evanescente).

(Extended nuevamente las manos por encima del incienso.)
Oh Señor misericordioso, que este incienso (o esta composición aromática, o perfume) sea una perpetua defensa contra los Espíritus malvados, contra todos los encantamientos o acciones nocivas que podrían serme enviadas. Que este olor sea una protección constante contra todas las criaturas visibles o invisibles dirigidas por voluntades perversas. Que en todos los lugares en los que este incienso sea expandido y quemado, la paz, la luz y el amor sean expandidos también. Que este suave olor sea como una invisible llamada para los Ángeles y Espíritus de luz y también para todas las almas protectoras de mis hermanos y hermanas.
De este modo, por el poder de Dios todopoderoso, ante el cual se mantienen, plenos de respeto, innombrables ejércitos de ángeles, que este incienso sea en este instante bendecido (✠), santificado (✠) y cargado de poder (✠). Que él sea la presencia invisible del Altísimo y de los Santos Guardianes que acabo de invocar (✠). Que así sea por el Poderoso Nombre de Ieschouah. Amén. (✠).

(Haced este último signo de la cruz sobre uno mismo.)

Sacralización del mantel del altar:

(Elevad los dos brazos hacia el cielo con las palmas abiertas y pronunciad el texto siguiente):

Señor, Tú que has hecho el Cielo y la Tierra,
Escucha mi voz que sube hacia Ti.
Mi fuerza está en Tu Nombre, Y con respeto lo invoco.
Dame, Oh Señor, tu paz y tu poder
Para que pueda participar de la Obra divina.
Por el poder de Dios todopoderoso, que todo aquello que pueda ser obstáculo a la utilización de este mantel sea rechazado en este momento.

(Trazad el signo del pentagrama evanescente).
Que los poderes des armoniosos y nocivos desaparezcan.

(Pasad el mantel por encima del incienso).
Oh Señor, Dios Eterno y Todopoderoso, el cielo y la tierra no pueden abarcarte y, por lo tanto, puedes residir en una Morada en la cual tu Santo Nombre puede ser invocado. Te pido ahora que me otorgues la fuerza y la autoridad para bendecir este mantel a fin de consagrarlo para la Obra divina.
Pueda así la Shekinah descender en este lugar y tus Ángeles y tus Santos visitarlo y este mantel los preserve de toda mancha y los conserve así siempre puros e inmaculados.
Por el poder de Dios Todopoderoso, que este mantel sea en este momento bendecido (✠), purificado (✠) y cargado de poder (✠). Que él sea el lugar de la presencia divina. Que así sea por el Poderoso Nombre de Ieschouah. Amén (✠).

(Haced este último signo de la cruz sobre sí mismo.)

SACRALIZACIÓN DE LAS LUMINARIAS:

(Elevad los dos brazos hacia el cielo con las palmas abiertas y pronunciad el texto siguiente):
Señor; Tú que has hecho el Cielo y la Tierra, Escucha mi voz que sube hacia Ti.
Mi fuerza está en Tu Nombre, Y con respeto lo invoco.
Dame, Oh Señor; tu paz y tu poder
Para que pueda participar de la Obra divina.
 Yó invoco los poderes de IOH el Dios vivo, de IOAH el Dios verdadero y de IAOH el Dios Santo!
Que todo aquello que podría ser obstáculo para la utilización de estas luminarias sea rechazado en este instante.

(Haced el signo del pentagrama evanescente.)
Que los poderes des armoniosos y nocivos desaparezcan.

(Pasad el mantel sobre el incienso.)
Oh Señor Poderoso y Santo, te pido ahora que me otorgues la fuerza y la autoridad para bendecir estas luminarias a fin de consagrarlas para la Obra divina.
Puedan ser entonces la salud, la inspiración y la iluminación tanto espiritual como material de aquellos que las utilicen.
Puedan ser una defensa segura contra toda influencia perversa y contra todos los espíritus invisibles que no soporten la presencia de esta luz.
Por el poder de Dios Todopoderoso, que estas luminarias sean en este momento bendecidas (✠), purificadas (✠) y cargadas de poder (✠). Que sean la manifestación visible de la presencia divina. Que así sea por el Poderoso Nombre de Ieschouah. Amén (✠).

(Haced este último signo de la cruz sobre sí mismo.)

Sacralización del incensario:

(Elevad los dos brazos hacia el cielo con las palmas abiertas y pronunciad el texto siguiente):
    Señor; Tú que has hecho el Cielo y la Tierra,
    Escucha mi voz que sube hacia Ti.
    Mi fuerza está en Tu Nombre, Y con respeto lo invoco.
    Dame, Oh Señor, tu paz y tu poder
    Para que pueda participar de la Obra divina.
    Yó invoco los poderes de IOH el Dios vivo, de IOAH el Dios verdadero y de IAOH el Dios Santo!
    Que todo aquello que podría ser obstáculo para la utilización de este incensario sea rechazado en este instante.

(Trazad el signo del pentagrama evanescente).
    Que los poderes des armoniosos y nocivos desaparezcan.

(Pasad el mantel sobre el incienso).
    Oh Señor Poderoso y Santo, te pido ahora que me otorgues la fuerza y la autoridad para bendecir este incensario a fin de consagrarlo para la Obra divina.
    Que sea el lugar en el cual se quemen los perfumes y sustancias ofrecidas a los seres espirituales.
    Que sea el lugar del que emanen los olores aterrorizadores para todas las criaturas nocivas y que no puedan acercarse.
    Por el poder de Dios Todopoderoso y del Santo Arcángel Melinka, que este incensario sea en este momento bendecido (✠), purificado (✠) y cargado de poder (✠).
    Que así sea por el Poderoso nombre de Ieschouah. Amén (✠).

7ª Parte: El Martinismo y La Orden Kabalística de la Rosa+Cruz

La Orden kabalística de la Rosa+Cruz

Desde el siglo XVIII°, el Suroeste de Francia ocupa un lugar importante en el mundo hermetista. Fue el lugar de nacimiento de famosas corrientes religiosas resultantes del gnosticismo, de Altos Grados masónicos y de varias escuelas Rosa+Cruz y kabalísticas.

Esta región, continuó siendo una cantera inevitable del origen de sociedades iniciáticas occidentales.

En lo que concierne a la Rosa+Cruz, su nacimiento surgió en Alemania, pero se recuerdan los carteles colocados en París que pudieron ver un buen número de individuos en el sendero de la iniciación. Nacida en medio de la reforma alemana, desarrolló un enfoque simbólico, místico, alquímico y a veces mágico. Vemos muestras claras en los textos de referencia que permanecen: Las Bodas Químicas de Cristian Rosa+Cruz y el Manifiesto Rosa+Cruz (Fama y Confessio Fraternitatis).

Con certeza esta corriente existía en el Suroeste de Francia. El vizconde Luis-Carlos-Edouard de Lapasse (1792-1867), médico y esoterista, fue su animador en Toulouse hacia 1850. Los temas hermetistas y ocultistas eran corrientes en esta región y la naturaleza de los escritos de Lapasse es certificada por el esoterista Simon Brugal (su verdadero nombre era Firmin Boissin que vivió de 1835 a 1893). Las corrientes Rosa+Cruz de esta región permitieron el encuentro entre la tradición mística y simbólica alemana y las corrientes hermetistas mediterráneas. Eso explica la orientación egipcia que tomó Spencer Lewis cuando fundó la AMORC después de haber sido recibido en un círculo Rosa+Cruz en Toulouse. La Rosa+Cruz de la que hablamos estaba, por su aporte de hermetismo, orientada más hacia la ritualidad operativa, la alquimia, la astrología y a una determinada forma de teúrgia.

La Rosa+Cruz era ciertamente independiente de la Francmasonería, pero sus miembros estaban activos en la mayoría en los distintos grados. Crearon distintos grupos de tendencias hermetistas, kabalísticas y egipcias. Por prudencia, el corpus entonces estudiado y practicado no fue revelado como tal al público. Encontramos los trazos en los ritos masónicos de Altos Grados del siglo XVIII° y en los escritos de Lapasse y Jollivet Castelot.

Los historiadores y escritores, testigos del trazado exterior de estas corrientes, pudieron situar algunos de estos elementos. No obstante, no han sabido ver siempre las relaciones entre ellos ya que uno de los aspectos importantes permanece en el contacto directo entre los iniciados y su voluntad de transmitir sus investigaciones y conocimientos. La Orden Kabalística de la Rosa+Cruz se sitúa en esta continuidad y ella es una de las raras excepciones en haber conservado una parte importante de sus ritos y prácticas internas.

El Marqués Stanislas de Guaita leyó en 1.884 el libro escrito por Joséphin Péladan "El Vicio Supremo" ("Le Vice Suprême"). Atraído por la mística de Péladan entró en contacto con él, pero también con su hermano Adrian Péladan, que estaba vinculado a una Orden Rosa+Cruz de Toulouse dirigida por Firmin Boissin. Fue a través de estos contactos que recibió la transmisión de la corriente hermetista de la Rosa+Cruz, una gran parte de su enseñanza y una misión. Tuvo la carga de reunir en una Orden la auténtica iniciación Rosa+Cruz, con una formación teórica de calidad centrada en las ciencias tradicionales y en los autores clásicos, así como en un planteamiento ritual preciso, serio y riguroso.

El único aspecto que debía seguir siendo visible era la enseñanza, y los estudios hasta ese momento fueron un poco descuidados en estos grupos ocultos.

Inmediatamente después de esta formación y transmisión, Stanislas de Guaita, entonces muy joven, escribió varios libros ocultistas. En 1888, Stanislas de Guaita, de 27 años de edad, funda "La Orden Kabalística de la Rosa+Cruz", dirigida por un Consejo Supremo compuesto de doce miembros, de los cuales seis de ellos seguirían siendo desconocidos "de tal manera que la Orden pudiera resucitar en caso de deceso".

Esta fecha no fue elegida por azar. La Fraternidad de la Rosa+Cruz de Oro alemana originaria seguía un ciclo de 111 años. Su sistema de grados se había reorganizado en 1.777. Stanislas de Guaita, según las directivas recibidas, exteriorizó la Orden 111 años después, en 1.888 como dijimos más arriba.

Entre los miembros conocidos podemos notar a: Stanislas de Guaita, como primer Gran Maestro; PAPUS (Gérard Encausse) restaurador del Martinismo; Joséphin Péladan que se separó en 1.890 para fundar su propia Orden de la Rosa+Cruz, esencialmente centrada en la investigación estética.

La O.K.R+C atrajo inmediatamente a los ocultistas europeos más influyentes de este tiempo como: Paul Adam [1862-1920], Jollivet-Castelot, August Reichel, el Abad Alta [cuyo verdadero nombre era Calixte Mélinge (1842-1933), cura de Morigny, en la diócesis de Versalles, que sustituyó a Péladan], Francois-Charles Barlet [seudónimo de Albert Faucheux 1838-1921] uno de los fundadores de la sociedad teosófica en Francia, Marc Haven [Dr. Lalande, 1868-1926], Edouard Blitz, August Strindberg [1849-1912], Gabron y Torón, Victor Blanchard [Sar Yesir, ¿?- 1953], Spencer Lewis, Lucien Chamuel, Paul Sedir (Yvon Le Loup) [1871-1926], Pierre Augustin Chaboseau, Maurice Barrès, Emile Victor Michelet [1861-1938] y muchas otras figuras muy conocidas.

Papus, testigo y participante del nacimiento de otras corrientes Rosa+Cruz de origen británico (Golden Dawn), escribió con respecto a la Orden Kabalística de la Rosa-Cruz:

"El movimiento Rosa+Cruz habría continuado en silencio, o al abrigo de otras organizaciones iniciáticas, si ocultistas extranjeros no hubieran pretendido el arrancarlo de Francia – lugar de elección de las tradiciones occidentales – su origen, para involucrarlo en un movimiento que debía cambiar el eje de gravitación del esoterismo, y colocarlo fuera de París [...] Habría sido un sacrilegio dejar destruir la obra de los Maestros de occidente. Por eso se decidió en primer lugar que se emprendería un movimiento de difusión, destinado a seleccionar por el trabajo y el examen, a los iniciados capaces de adaptar la tradición esotérica al siglo que iba a abrirse".

Paradójicamente se saben muy pocas cosas sobre la Orden. Sus rituales permanecieron para la mayoría desconocidos e incluso a veces se dudó de la naturaleza de su estructura iniciática.

Sobre su aspecto más conocido, el del estudio y la formación, se estudiaban en esta Orden las obras de Eliphas Lévi, Bulwer-Lytton [1803-1873], Fabre d`Olivet, Wronsky, Jacob Böhme, Emmanuel Swedenborg, Martínez de Pasqually y Louis-Claude de Saint-Martin. Todos fueron grandes místicos y esoteristas, contribuyendo a la difusión del conocimiento y la espiritualidad.

Las generaciones de ocultistas franceses, europeos que han perpetuado las tradiciones iniciáticas y los misterios de Occidente, fueron grandemente influidos por esta extraña escuela. Fue el caso por ejemplo de Saint-Yves d`Alveydre [1842-1909] y su concepto de "Sinarquía", o también el de Rudolph Steiner.

La Orden Kabalística de la Rosa+Cruz fue continuo inspirador de las corrientes espirituales occidentales. Es interesante observar que la mayoría de los representantes de la Orden recibieron la misión de crear una escuela que estuviera vinculada de manera invisible con la tradición madre.

Nos encontramos de cara ante una paradoja que nos coloca ante la más pura tradición de Occidente: una visibilidad esencialmente cultural y espiritual de la Orden, un secreto sobre los ritos perfectamente conservado por los iniciados y un aprendizaje clásico y ritual de gran calidad.

Con este espíritu es que se concibió la Orden y que siguió perpetuándose, a la vez a nivel exterior e interior u oculto, en el Seno del Colegio Invisible de los seis Hermanos de la Orden y el Patriarca Rosa+Cruz que dirige a este grupo.

Los Grandes Maestros exteriores de la Orden después de Guaita fueron:

- François Charles Barlet (Albert Faucheux) [de 1897 a ¿ ?]
- Gérard Encausse (Papus) [de ¿? a 1916]
- Charles Detre (Teder) [de 1916 a 1918]
- Jean Bricaud (en 1922 Bricaud crea una Sociedad ocultista internacional, con el médico Joseph Ferrua relacionado con Jollivet-Castelot.)

Es interesante comprender cómo funcionaban esta representación y sucesión. El Gran Maestro exterior era un representante público de la Orden que actuaba bajo el control de la Orden interior y el Patriarca Rosa+Cruz era la verdadera dirección oculta de la Orden. Este representante exterior no estaba autorizado a revelar ninguna cosa por iniciativa propia. Este método de funcionamiento es en parte explicado en las obras de Fabre d'Olivet.

Hasta Bricaud, el Patriarca Rosa+Cruz era al mismo tiempo el Gran Maestro de la Orden exterior.

Después la Orden exterior cesa de existir como tal. La transmisión de Gran Maestro no es ya más que honoraria y queda asociada a algunas responsabilidades en la francmasonería egipcia, el martinismo o el gnosticismo. Es fácil darse cuenta ya, que los personajes a los que se refieren a este respecto no tuvieron nunca el conocimiento de la iniciación y los ritos internos de la Orden. Constant Chevillon y Robert Ambelain fueron los únicos en recibir algunas apreciaciones y técnicas resultantes de la Orden interior y fueron también autorizados a ponerlos en práctica con la creación de las Órdenes de las que ellos estaban a cargo.

En cuanto a la Orden Interior, la sucesión ininterrumpida siempre fue transmitida con la misma cuidada exigencia de la Orden Rosa+Cruz de origen y en la región que había sido el crisol del hermetismo Rosa+Cruz: el Suroeste de Francia.

Jean Bricaud, entonces a la vez Patriarca Rosa+Cruz y Gran Maestro exterior de la Orden, transmitió el cargo oculto a Luis-Marie François Giraud (1921), religioso que desempeñó un gran papel en el desarrollo de la Iglesia Católica Galicana. Jean Brouillet fue su sucesor, luego Patrick Truchemotte, el último Patriarca Rosa+Cruz en activo. Fue en 1.988, tras una reunión martinista en su presencia, que volvió a poner su herencia oculta y algunos objetos rituales que señalan esta transmisión al que iba a asumir este cargo, el nuevo Gran Patriarca Rosa+Cruz.

Los objetos martinistas y Rosa+Cruz volvían de nuevo a iluminar el altar de los Maestros pasados de la Orden.

Pero aún no era el tiempo de reactivar la Orden. El ciclo de 111 años debía respetarse y aplicarse. En 1.999, la Orden interior podía reanudar sus trabajos ocultos que deben desarrollarse durante 7 años. El primer período de cuatro años se destinó a despertar el hermetismo occidental y a hacer manifestar su presencia como antes.

La Orden Kabalística de la Rosa+Cruz, de nuevo vivificada por la contribución hermetista, Rosa+Cruz y martinista, puede ahora abrir sus Capítulos para comenzar sus trabajos tal como está previsto en 2.006, resultado tradicional de su exteriorización.

En resumen, esta es la historia de esta importante escuela iniciática. El lugar que ocupa el Martinismo en su seno es poco conocido y por ello nos parece interesante abordarlo también aquí. Esto arrojará una luz suplementaria acerca del Martinismo original y sobre la forma en que las primeras Órdenes Martinistas fueron organizadas.

El Martinismo en la Orden Kabalística de la Rosa+Cruz

Unos meses después de crear la Orden Kabalística de la Rosacruz, más de ochenta años después de la muerte de Saint-Martin, Papus y Chaboseau, ambos miembros de la dirección de la Orden descubrieron que habían recibido una filiación que se remontaba al célebre teósofo de Amboise.

Papus afirmó que había sido iniciado en 1.882 en el grado S.I. «Supérieur Inconnu» por Henri Delaage, quien ostentaba tener un lazo directo con Saint-Martin mediante el sistema «de las iniciaciones libres». En cuanto a Chaboseau, su filiación le habría sido transmitida por su tía Amélie de Boisse-Mortemart. Ambos decidieron iniciarse mutuamente e informaron inmediatamente a los demás responsables de la Orden. Papus y Chaboseau confirieron esta filiación esencialmente espiritual de Louis-Claude de Saint-Martin a la Orden Kabalística de la Rosacruz. Como declaró Delaage, esta transmisión estaba materializada sólo por «dos cartas y algunos apuntes».

Inmediatamente consciente de la riqueza de esta herencia, la Orden dio cuerpo a esta transmisión asociando la iniciación del "Philosophe Inconnu" al sistema masónico de H.-T. de Tschoudi. Más tarde, esta ceremonia del "Supérieur Inconnu" se convirtió en el grado preliminar de la Orden. La versión masónica que era en el origen esencialmente simbólica fue, de este modo, activada por los conocimientos operativos de los miembros de la Orden. La Estrella Flameante pudo volver a irradiar plenamente de nuevo.

A partir de este momento, todo nuevo miembro de la Orden Kabalística de la Rosacruz primero debía ser recibido Supérieur Inconnu, Adepto de Saint-Martin.

Este primer grado de S.I. constituye el fundamento moral y espiritual de la Orden. Es la condición previa.

Como hemos visto a lo largo de esta obra, Louis-Claude de Saint-Martin fundó una "petite école à Paris" (pequeña escuela en París), unos años después de la muerte de su maestro Martínez de Pasqually. Esta sociedad (comunidad) tenía como meta la espiritualidad más pura. Integró las doctrinas de Martínez a las suyas e instauró como único grado el de S.I. Este título era una recuperación de la denominación distintiva de la dignidad suprema de los miembros del Tribunal Soberano de la Orden de los Elus-Cohen.

En la mayor parte de las sociedades secretas, la iniciación se hacía por grados. Sin embargo, Saint-Martin eligió instaurar una transmisión ante todo moral y espiritual. Se trataba de recibir la llave que abre la puerta interior del alma por la cual el hombre se comunica con las esferas del Espíritu. Este nivel de preparación y compromiso no requería ninguna otra condición, ningún intermediario. Sólo se requieren una manifestación del deseo, un compromiso del alma y un despertar de la voluntad recta.

Los principios eran a la vez idénticos y diferentes a los de la Orden de los Elus-Cohen. Las técnicas y las preparaciones ritualísticas, por ejemplo, siempre han sido relativamente sencillas en la escuela de Saint-Martin. Consideraba que la preparación era el resultado de la vida que uno lleva interna y externamente. En esta vía mística, a diferencia de ciertas etapas mágicas y teúrgicas, es nuestro trabajo interior diario, nuestra "actitud moral de pureza" la que hace de preparación. Esto significa que todas las preparaciones ritualísticas son inútiles para aquél que no observe esta actitud interior... Es la única condición al acercamiento a una verdadera pureza interior.

Por esta razón es por la que la Orden Kabalística de la Rosacruz siempre ha considerado este grado como condición moral previa a la formación emprendida. Pues no era necesario, en este caso, hacer de ella una Orden.

Esta primera etapa de S.I. es pues fundamental y paradójicamente no necesita más que una formación teórica mínima. Este estado es espiritual y constituye una actitud interior indefectible. ¿Cómo imaginar que hace falta estudiar kábala, teología o cualquier otra ciencia para comprometerse moralmente con tal actitud interior? El intelectual no tiene nada que ver con este tipo de toma de consciencia. La formación es de otro Orden, está encaminada a grados y etapas diferentes.

He aquí lo que fue la Orden Martinista en los orígenes. Hizo falta esperar a Papus y a sus sucesores para que naciera una voluntad de hacer del martinismo una Orden estructurada en grados, que conducen a la única iniciación transmitida por Saint-Martin.

Unos años más tarde, en 1.891, la Orden Kabalística de la Rosacruz pidió a Papus que desarrollara la Iniciación de Supérieur Inconnu bajo la forma de una Orden exterior cuyo papel esencial sería la espiritualidad y la Caballería Cristiana. Papus eligió estructurarla según la escala masónica de tres grados. La única y real iniciación fue evidentemente la última, la de S.I. (Supérieur Inconnu). Ninguna ambigüedad en la misión confiada a Papus. Se trataba de permitir al mayor número de personas descubrir el pensamiento de Saint-Martin y emprender la actitud moral representada en la más pura forma de Caballería Cristiana.

Esta estructura dio cierto carácter perenne a la Orden Martinista que continuó desarrollándose después de la muerte de Papus y ramificándose según la vicisitud de su historia.

Por su parte, la Orden Kabalística de la Rosacruz, fiel a su método, continuó aceptando en su seno a los candidatos que previamente han recibido ya la iniciación de Supérieur Inconnu o bien se la transmitía según la forma original como condición previa a la formación emprendida en su seno.

ANEXOS

SUGERENCIA DE UNA GUÍA DE ESTUDIOS SOBRE EL MARTINISMO

1.- *ASOCIADO*

Objetos de estudio: Historia de las tradiciones; Introducción a la Cábala; Introducción al Ocultismo; introducción a la astrología; El simbolismo.

a) La tradición occidental: valor, características y tema en concreto

Dion Fortune: La Cábala mística, § 1-2-3-4.

A. Joly y R. Amadou: Del agente desconocido al Filósofo desconocido.

A. Faivre: Místicos, teósofos e iluminados en el siglo de las luces.

Sédir: Iniciaciones.

B) Historia del Martinismo: historia y doctrina elemental

A. Viatte: Las fuentes ocultas del romantismo.

A. Joly: Un místico lyonés y los secretos de la Francmasonería.

El iluminismo en el siglo XVIII, en los cuadernos de la serie Saint Jacques, Paris, 1960.

La Francmasonería en el siglo XVIII..., § 1-2

La Francmasonería ocultista y mística, el Martinismo, historia y doctrina.

Robert Amadou: El ocultismo.

Louis Claude de Saint-Martín: Los errores y la Verdad.

Louis Claude de Saint-Martín: Ecce Homo.

Martínez de Pasqually: Tratado sobre la Reintegración de los seres. (Introducción)

Emmanuel Swedenborg: Los arcanos celestes, Vol. 1

C) Estudio simbólico: definición, fin y significado

Papus: ABC ilustrado del ocultismo, etc.

R. Ambelain: A la sombra de las catedrales, etc.

Fulcanelli: El misterio de las catedrales.

Louis Charbobbeau Lassay: El bestiario de Cristo.

Collection Zodiaco: Los símbolos.

Objetos de estudio: El Tarot; La función del ritual; La magia; El proceso de la Iniciación; La Cábala; Introducción al Zohar; La constitución oculta del hombre; historia y función de las sociedades secretas.

Estudio de la Biblia (Génesis, Evangelio y Apocalipsis de San Juan);

Práctica: entrenamiento de la visualización; meditación sobre los símbolos; plegaria; meditación oculta; auto análisis.

2.- INICIADO

A) Los textos sagrados bíblicos: valor, estudio.

La Biblia: (traducción de Darby para estudio, traducción de Second para lectura, traducción más antigua de Maître de Saci para estudio, traducción de Chouraqui para estudio. Las traducciones llamadas ecuménicas deben en general evitarse, estando lejos del texto original.)

Complementos:

A. Abecassis: El pensamiento judío.

Comentarios de Chouraqui sobre la Biblia.

Obras de los Padres y Doctores de la Iglesia.

B) El misticismo: introducción.

La imitación de Jesucristo. Es un texto maravilloso en el que se revive la herencia del antiguo estoicismo. Da acceso a una sensibilidad muy próxima al corazón del Martinismo.

Las obras de Sédir. Amigo de Papus, su reencuentro con el maestro Philippe le transforma totalmente y sus escritos exponen de una manera muy interesante lo que es el corazón y la esencia del cristianismo y, por consiguiente, del Martinismo.

Obras de algunos místicos cristianos: Sta. Teresa de Ávila, San Juan de la cruz, J. Böehme.

C) Los Maestros del pasado: biografías.

Papus, Maître Philippe de Lyon, Saint-Martin, J. Böehme, Martínez de Pasqually.

D) La Cábala: introducción.

Cábala hebrea: obras de G. Cholem.

Cábala cristiana: obras de los cabalistas cristianos, Pico de la Mirandola, etc.

Cábala moderna: Dion Fortune, Gareth Knight, Israel Regardie...

Robert Ambelain: La cábala práctica.

Colección " ¿ Qué sé yo ? " sobre estos temas.

E) Tradición R.C y F.M.: introducción.

Sir Edward Bulwer Lytton: Zanoni.

R. Edighoffer: R + C y sociedad ideal según J.V. Andreae.

B. Gorceix: La Biblia de los R+C.

J. Boucher: Obras completas.

F) Martinismo:

Louis Claude de Saint-Martín: Los números, El hombre nuevo, Diez plegarias, Sobre el espíritu de las cosas.

Martínez de Pasqually, final del Tratado sobre la reintegración de los seres.

G) Ocultismo:

Eliphas Levi: Dogma y ritual de alta magia, El gran arcano, etc.

Robert Ambelain: El sacramentario de los Rosa + Cruz.

Isha Schwaller de Lubicz: El comienzo del camino, La luz en el camino

3.- SUPERIOR DESCONOCIDO

Temas de estudio: la angelología; la alquimia; el hermetismo; la teurgia.

Práctica: Operaciones teúrgicas; procesos de regeneración; meditación.

A) El número tres: ejemplo de estudio

Pitágoras

Platón: La república. San Agustín: De Trinitate

San Anselmo: De fide trinitatis et de incarnatione Verbi

Santo Tomás de Aquino

J. Böehme

Saint Yves d'Alveydre.

B) Los textos sagrados: profundizar

Tradición hebrea:

- El estudio del hebreo es la única clave que permite aproximarse realmente a los textos bíblicos.

- "Hebreo Bíblico, método elemental" de J. WEINGREEN (Un libro de cursos y de ejercicios, un segundo libro contiene las correcciones).

-Dirigirse a las universidades donde se dan cursos de introducción.

-Dirigirse a los centros comunitarios judíos.

Tradición griega:

- El estudio del griego es una clave muy importante para la comprensión de los "matices" del evangelio.

- "El griego del nuevo testamento" de J.W.Wenham, Beauchesne

- Dirigirse a las universidades donde se dan cursos de introducción.

- Dirigirse a los seminarios católicos, donde se dan buenas introducciones.

Tradición latina:

- Colección "Fuentes cristianas".

- Dirigirse a los seminarios católicos, donde se dan buenas introducciones.

C) Martinismo:

Louis Claude de Saint-Martín: El ministerio del hombre espíritu.

Louis Claude de Saint-Martín: Cuadro natural.

Teder: Ritual de la Orden martinista.

D) Ocultismo:

Giuliano Kremmerz: Introducción a la ciencia hermética.

Giuliano Kremmerz: Diálogos sobre el hermetismo.

Heinrich Kunrath, El anfiteatro de la eterna sabiduría.

Jollivet Castelot: Cómo convertirse en Alquimista.

El libro sagrado de Enoch.

Es evidente que una propuesta de estudios no es exclusiva y que cada cuál deberá escoger aquello que le parezca bueno dentro de una progresión lógica y gradual.

NOTA ESPECIAL SOBRE EL TEMA DE ESTUDIO:

Algunas Órdenes Martinistas han presentado diversos documentos de formación, algunos interesantes, pero la mayoría de ellos de uso interno. Sólo una escuela, a nuestro saber, ha hecho accesible un conjunto serio de cursos de formación sobre la tradición Martinista. (Los cursos son accesibles en francés en la dirección siguiente: www.theurgiauniversity.com). Además de la tradición

Martinista, desarrollan igualmente los fundamentos de esta filosofía, es decir, el gnosticismo, la caballería, el simbolismo, etc.

TRABAJOS DE REFLEXIÓN Y DE ESTUDIOS SOBRE EL MARTINISMO

Los tres trabajos desarrollados en una Logia Martinista, que os ofrecemos aquí seguidamente como ejemplo, no están destinados a ser modelos dentro del género. Son, sin embargo, el reflejo de una reflexión viva dentro de la diligencia del buscador, que le permitirá a él o a ella, que nunca ha participado en los trabajos de reflexión, hacerse una pequeña idea. Hemos escogido tres estilos diferentes que son un trabajo de reflexión general, un esbozo cabalístico y un trabajo simbólico.

LOS MAESTROS DEL PASADO

"Los Maestros son unos seres que han vivido en la tierra y que han llegado a un nivel elevado de maestría y de iniciación. Una vez desaparecidos físicamente, ellos constituyen una especie de colegio invisible dentro del cual cada uno tiene unas atribuciones precisas. Cada uno de nosotros trabaja entonces sobre una nota particular y se encuentra por consiguiente en relación indirecta de acceso, y más tarde directa con el Maestro correspondiente.

Es sobre este edificio que se ha edificado aquello que algunos denominan "la gran ilusión". A partir de hechos fragmentados y aislados, se ha construido un edificio y nosotros, a veces, no percibimos bien aquello que se esconde detrás. Tenemos miedo de horadar la corteza porque es en el interior donde se encuentran las gemas preciosas.

Estas ideas han encontrado sus fuentes en muchas corrientes y tradiciones. Por primera vez, en el libro de Ossendowski "Bestias, hombres y Dioses", se evoca la noción de Rey del mundo; más tarde con Saint Yves d'Alveydre con su "Misión de la India " que tuvo la suerte que ya conocéis. La teosofía bajo el impulso esencial de Mme. Blavatsky fue determinante. Todos los grupos posteriores tomaron prestada esta idea de la jerarquía de los Maestros y la adoptaron. Fue fácil, seguidamente releer en el espíritu de los textos de la antigüedad y encontrar abundantes referencias. Comprendemos que se trata de una elaboración humana que da seguridad al buscador, y debería provocar nuestra desconfianza. A resultas de ello, numerosos han sido los falsos maestros que han abusado de esto para su beneficio.

Occidente no habiendo tomado nunca un error prestado, ha tendido a asimilar el Maestro como lo que nosotros denominamos peyorativamente el "gurú", es decir aquél a quien hay que obedecer ciegamente. ¿Es posible que esta aseveración sea excesiva y que debiéramos analizar más de cerca si es verdadero? ¿Ciertamente es un error y es posible que sea un verdadero maestro?

 Antes de ir más allá, deberíamos definir el calificativo del "pasado". Ellos pertenecen al pasado y sólo su memoria subsiste, podría ser la réplica materialista. Ellos son del pasado y han vuelto, podría ser la de los que creen en la reencarnación. En Oriente, existe la doctrina de los bodhisattvas, que afirma que los Iluminados rechazan su fusión en el Brahman o el Nirvana con el objeto de volver a ayudar a aquellos que aún no son libres. La teosofía podría, entonces, hacernos creer cierta la idea de la jerarquía de los Maestros.

 Consideramos que se puede ir al fondo de la cuestión, tanto materialmente como espiritualmente, sin que exista discordia entre las opiniones. Sabemos que cada ser vive en la tierra para realizar aquellas experiencias, sin distinción de naturaleza, y para progresar hacia lo que nosotros denominamos la reintegración. Cada uno de nosotros cumple una tarea que será inevitablemente juzgada y apreciada. Para el catolicismo se trata del juicio final, para el ocultismo se trata del auto juicio más allá de la muerte, pero qué importa. Cada vía explica las cosas de acuerdo su visión particular, pero el objetivo es el mismo y consiste en elevarse para aproximarse a lo divino.

Un Maestro es, entonces, aquél que juzgamos como habiendo dado ejemplo con su vida. Esto es lo que constituye un criterio totalmente subjetivo.

Un Maestro es, aquél que nos ha sido revelado como tal como un iniciado o médium. Podemos ver, por ejemplo, los Maestros cósmicos como Maitreya, Koutomi, Zozer, etc. Aquí también se trata de un criterio subjetivo.

Crowley escribió: "Todo hombre (o toda mujer) es una estrella." Cada cuál es, entonces, un maestro, no en potencia, sino realmente, tangiblemente y concretamente. ¿Cual es, entonces, la diferencia entre nosotros y Papus, Maître Philippe de Lyon, Sédir, Cagliostro, etc.? ¿Cómo llamar entonces a los Maestros? Hemos dicho que cada uno de nosotros estaba en la tierra para tener experiencias y para cumplir un papel. El Maestro dentro de una tradición deviene el personaje que ha podido encarnar una corriente impersonal y descubrirla a sus hermanos y hermanas. Su maestría consiste entonces en haber ayudado impersonalmente. En tanto que semejantes, entran a formar parte de la gran familia de los Servidores Desconocidos. Decir que éste es el reflejo de su evolución puede ser justo, pero insuficiente. Efectivamente, para dichos maestros "reconocidos oficialmente", ¿cuántos otros trabajan alrededor nuestro en el anonimato y es posible que tengan un gran avance espiritual?

Todos forman en el invisible una especie de familia cuyo núcleo está conectado con aquella otra, la Iglesia interior de Eckharthausen. Los maestros del pasado corresponden, entonces, etimológicamente, a todas aquellas criaturas avanzadas espiritualmente y que hayan encarnado en algún momento dado sobre la tierra. Más precisamente, se trata de aquellos individuos cuyo nombre ha sido inscrito en la historia de una tradición por haber jugado un papel directo o indirecto, pero determinante en su historia. En tanto que su espíritu no cesa de animar esta corriente de pensamiento y de crear, para nosotros, por ejemplo, la familia Martinista invisible. Todos nosotros somos hermanos o hermanas llamados a convertirnos en Superiores Desconocidos y también maestros. El término "Maestro del pasado" debe ser comprendido como una invitación a un dinamismo y no a un culto estéril de maestro ascendido y perfecto. La adopción de un nuevo hermano da lugar a su presentación junto a aquellos que han encarnado la tradición en el pasado. Cada vez que obramos en tanto que Martinistas somos miembros activos de esta cadena y debemos elevarnos a las alturas de aquellos que nos han precedido.

Por ello, se nos pide el ponernos conscientemente en relación con ellos en estos instantes privilegiados. Al comienzo de nuestro ritual, pero, sobre todo, en nuestras oraciones del oratorio particular.

Escuchemos una de las plegarias de un ritual Martinista: "O Dios Eterno, tú que dispensas el perdón y deseas la salud de los hombres, suplicamos tu Santa Clemencia para conceder a los hermanos y hermanas, como a los Maestros del pasado que nos han abandonado en este siglo, poder compartir con tus santos y los Ángeles, la Beatitud eterna del retorno a los orígenes celestes." Vemos de nuevo que los Maestros del pasado forman una familia vía en la cual hemos sido introducidos. En tanto que ellos nos conocen y esperan de nosotros que seamos dignos de ellos, libres y fuertes. "No aceptar nada de nadie sin haberlo experimentado uno mismo.", dijo Buda. "Yo vivo en mi propia casa, no he imitado nunca a persona alguna y me he burlado de todo maestro que no se haya burlado de la noche" escribió Nietzsche.

El Maestro no debe entonces tornarse un ser divino e irreal, sino el objetivo que cada cual debe tender a alcanzar, pero que nunca debe realizar.

Esto es lo que esperan de nosotros nuestros hermanos, los Maestros del pasado.

M.

Consideraciones sobre la palabra "Vida"

Puede ser interesante basarse en todo aquello relacionado sobre el sentido y el uso de esta palabra en la lengua sagrada que es el Hebreo.

El primer apunte sorprendente sobre esta palabra consiste en que en Hebreo se trata de un plural. "La vida" se escribe en realidad "las vidas". Dejo a vuestra imaginación las diferentes implicaciones que podríamos derivar de esta simple nota. No obstante, antes de escribir ahora un texto magistral sobre este tema, prefiero haceros una alusión de la Torah respecto a este concepto.

Tenemos por costumbre leer en Génesis 2:7 "El Eterno sopló en sus narices un soplo de vida.". Luego en Génesis 6:17 "Voy a inundar la tierra bajo las aguas, para destruir toda carne animada por un soplo de vida.", y en Génesis 7:22 "Entonces murió [...] todo aquello que tenía un alma o soplo de vida, por sus narices."

En castellano no remarcamos nada en particular, pero en la lengua original, podemos releer cierto número de cosas. Se utilizan las palabras siguientes: Génesis 2:7 "Nichmat haraïm", Génesis 6:17 "Rouar raïm" y Gn 7:22 "Nichmat rouar raïm".

Dios insufla la vida dentro del ser. Se trata del alma, del soplo de la respiración. Cuando Dios decide destruir a las criaturas infieles, es la palabra "rouar" la que es utilizada. Esta palabra se relaciona con el viento, el soplo, el espacio que va a animar un alivio (Ravra), una liberación (Revar). Cuando todo es destruido es la unión de las tres conmovida por el diluvio (maboul).

De este modo la vida dentro de la Torah no es un elemento completo y no aparece más que como calificativo de una estructura del hombre pudiendo estar sujeta a transformación.

Cuando el texto habla del "soplo de vida" (Gn 2:7), se trata del "alma de vida" y se habla de que el "alma reside en la sangre (Dam)" o Adán contiene la sangre y está animado por el alma y, en consecuencia, por el soplo de vida.

Cuando, a consecuencia del diluvio, el alma fue separada de la vida, ello significó que una esencia particular se liberó de la carne de Adán, por la tierra (Adamah). Noé (Noar) encarnará este personaje con el empleo del viento y de la vida aliviándole de toda prueba.

La vida (Haraïm) está caracterizada por una duplicación inhabitual de Iod, el germen, la mano de Dios, que aparece sobre los dos pilares para aportar a la profecía la visión en el seno del círculo del más allá, del otro lado del espejo.

Para analizar en detalle esta frase estructurando la aportación de la vida, examinemos cada una de las letras:

La Heth hace referencia a las nociones de cercado, receptividad, de palabra.

La Mem es la inversión de las visiones.

En el Tarot se trata del Carro, del Ermitaño y del Colgado, teniendo la imagen de estas cartas dentro del espíritu.

Es necesario ponerse en relación con la vida universal para conducirnos a una apertura a la palabra de Dios y modificar nuestra visión, permitiendo comprender así la finalidad de nuestro caminar sobre la tierra.

Por este rasgo se puede comprender la palabra del Sepher Habahir, el Libro de la Claridad: "La vida es la Torah, así como está dicho (Dt 30:19) "Tú escogerás la vida." Y también se dice (Dt 30:20) "Porque ella es tu vida y la duración de tus días" y quién quiera merecerla debe despreciar los placeres del cuerpo y aceptar el yugo de los Mitsvot (Preceptos)." Las leyes morales devienen entonces las garantes de nuestra apertura a la vida, es decir a la trascendencia del Eterno atrayéndonos a nuestro caminar hacia la reintegración.

Así leemos en Prov 6:23 "El camino de la vida está hecho de amonestaciones instructivas" ya que dice Isaías 3:6 "el peligro de caer será nuestra guía" y ahí están las cosas de las cuáles el hombre no puede apoderarse sin haber tropezado.

Interpretación simbólica de la palabra vida en hebreo:

Haraïm

Recorriendo las nubes sobre mi carro

Diviso los palacios y delineo

Fuertes murallas alrededor de las ciudades.

Antaño, yo me había elevado al cielo,

Pero en un grito de sufrimiento yo

Fui precipitado a la tierra, por haber

Querido vencer sin sufrir.

Qué me importan hoy las tinieblas,

Ya que una llama brilla en mí,

Avisándome de la presencia de

El Eterno Padre.

Un soplo de viento en mi frente,

La caricia de un suave plumaje,

La suavidad de una mano diáfana sobre

Mi boca y yo me vuelvo, roto
En el turbio espesor.

¿Pero quién ha olvidado, entonces, quién ha podido perder
esta joya desvanecida en lo más profundo de la tierra?

Y descubriendo la vida, yo entregué el espíritu
En un soplo, dulce murmullo del tiempo.

M.

LA ESPADA

La espada es un arma ofensiva muy común en el antiguo próximo oriente. Primitivamente en bronce y después en hierro, se menciona en todos los combates relatados en la Biblia. Y también respecto a todas las otras tradiciones. Ella, simboliza, entonces, el coraje y la fuerza. Esta fuerza puede tener dos aspectos positivos: La destrucción de la ignorancia y el mantenimiento de la paz y de la justicia. Es preciso remarcar la asociación que frecuentemente se hace de la espada con la balanza de la justicia. Este símbolo se encuentra en la carta del Tarot denominada La Justicia (Clave 11). En este caso está fabricada de acero, el metal de Marte. Ligada con la balanza como símbolo de gobierno, Venus es equilibrada mediante Marte. De esta forma, cuanto Venus entra en acción, Marte también se torna activo. Los dos son perfectamente complementarios. La empuñadura en forma de T de color dorado está asociado al Sol. Saturno exaltado en Libra representa la limitación y la fuerza.

Cuando este poder que detenta el simbolismo de la espada es utilizado positivamente, se combina con la energía radiante del sol de forma que la iluminación exalta la forma.

De ello hay que considerar la espada tanto en su forma como en su materia. Es decir, semejante a la que estudiamos, aquella que posee dos filos y una punta. Es en este sentido que el Martinismo utiliza las siguientes palabras: "...esta espada, emblema del poder y de la fuerza, cuya punta nos indica el Eterno principio de las cosas..."

Los dos filos, símbolo del equilibrio Marte-Venus, de la dualidad artificial de la materia que forma los dos polos de una misma energía, que es el principio de toda cosa. La forma es, entonces, un vivo resumen de una cosmogonía precisa. Además de representar una acción, la herramienta, como prolongación del brazo, deviene una significativa arma de ataque y de protección. Quiero hablar ahora de la utilización visible e invisible de la cual se puede hacer uso. Es preciso, entonces, que nuestra espada sea lo más semejante al símbolo con la finalidad de ser activa en todos los planos.

Su símbolo es también próximo a aquel del Verbo, o pensamiento activo. Ella es la única arma "del iniciado que no sería vencida más que por el poder de la idea y por la fuerza que ella conlleva en sí misma." Es lo que se menciona en el Apocalipsis 1:15 donde se dice sobre el hijo del hombre: "De su boca salía una espada de dos filos." Ibid. en Ap. 19:15.

El verbo es, en consecuencia, esta fuerza que puede ser utilizada tanto para destruir como para crear.

Es, ahora, interesante recordar que el símbolo no toma su verdadero valor si no está integrado en nuestro ser. Es de esta forma que debemos preguntar sobre su utilización. ¿Utilizarla en la Teurgia? Ciertamente. ¿Utilizarla para la visualización? Necesariamente, pero también y sobretodo en la vía Martinista, para el sentido interior que ella suscita. Ella significa la justa discriminación utilizada por nuestro espíritu para desembazarnos de todo aquello que es inútil, para liberarnos de las ataduras, de los prejuicios, del resentimiento y del pesar. Con la utilización de la palabra justa y del pensamiento justo podremos atajar estos problemas mentales y psicológicos. Esta arma se volverá entonces en espada viva dispuesta para nuestra iniciación.

A ser posible, guardaremos nuestra espada en nuestro oratorio, respetuosamente enfundada, con nuestro nombre místico grabado en la hoja. Pero ella tomará vida en nosotros cuando cortemos los hilos invisibles que nos inmovilizan.

Ella es una parte de nuestra interioridad y el respeto que nosotros la otorgamos es reflejo de uno mismo.

Digamos que, para los caballeros, la espada tenía una personalidad que había sido bautizada como: Joyeuse, Durandal, Hauteclaire, Corte, Bautraine, Musaguine, etc.

Es entonces por esta toma de conciencia que este frío símbolo, teatral, de difícil disimulo, deviene de hecho el centro de nuestro ser, el punto de equilibrio y de fuerza que nos permite actuar con justicia y de hablar justamente.

M.

El Credo Martinista

"Meditando sobre el sublime simbolismo del Rito Martinista, somos impelidos a realizar la siguiente profesión de fe:

1) Creemos en un Dios Único y en una Religión Única como Él, en un Dios más allá de todos los Dioses y en la Religión que es síntesis de todos los cultos. Creemos en la infabilidad del Espíritu de Caridad más que en la temeridad dogmática de algunos hombres.

2) Creemos en la Libertad absoluta, en la Independencia absoluta, en la Realeza misma, en la Divinidad relativa de la Voluntad humana, siendo ella regulada por la soberana Razón. Creemos que para enriquecerse es preciso dar, y que la Felicidad individual no puede ir en contra de la Felicidad de los demás.

3) Reconocemos en el Ser dos modos esenciales: la Idea y la Forma, la Inteligencia y la Acción. Creemos en la Verdad, que es el Ser concebido por la Idea. Creemos en la Realidad demostrada o demostrable por la Ciencia. Creemos en la Razón, que es el Ser manifestado por el Verbo. Creemos en la Justicia, que es el Ser en acción, siguiendo ésta sus verdaderas relaciones y sus proporciones razonables.

4) Creemos que Dios mismo, el Gran Principio indefinible de Justicia no sabría ser el déspota ni el verdugo de sus Criaturas; que no puede ni recompensarlas ni castigarlas; pero que la Ley de la Armonía Universal lleva en sí misma su sanción, de suerte que el bien en sí mismo es la recompensa del Bien, y el mal el castigo, pero también el remedio del Mal."

Extracto del Ritual de la Orden Martinista diseñado por Téder

Objetivos de la Orden Martinista

"Que el profano, el Iniciado y el Iniciador, sepan bien que el objetivo de la Orden no es convertirlos en maestros dogmáticos, sino convertirlos en estudiantes devotos al culto de la Verdad Eterna. Las enseñanzas son elementales, los símbolos poco numerosos, pero suficientes al modesto objetivo de nuestra Orden. Sus miembros conocen pocas cosas, pero las conocen bien y poseen los elementos de un desarrollo personal que puede conducirles aun más lejos. Ignotos y Silenciosos, no esperan otra cosa de sus trabajos que la infinita satisfacción que procura la seguridad de una conciencia pura y de un corazón presto a todos los sacrificios por la humanidad."

Extracto de los cuadernos de la Orden Martinista

Consejos a los novicios que desean estudiar lo Oculto:

1. Escoger un lugar donde deba llevarse a cabo la plegaria (sea cual sea el culto).

2. Recordar que los verdaderos maestros no escriben libros y ponen en primer lugar la sencillez y la humildad por encima de toda ciencia. Desconfiar de los pontífices y de los hombres que se llamen perfectos.

3. No perder nunca la libertad, ya sea por una relación con una persona, un clérigo o una sociedad secreta; solo Dios tiene derecho a recibir una obediencia pasiva.

4. Recordar que todo el poder invisible viene de Cristo, Dios hecho carne en todos los planos, y no entrar nunca, en el invisible, con relaciones con un ser astral o espiritual que confiese ser Cristo. No buscar la obtención de "poderes", esperar que el Cielo nos los ofrezca si somos dignos de ello.

5. No juzgar nunca las acciones de otro y no condenar a nuestro prójimo. Todo ser espiritualista, por las pruebas o el sufrimiento o por una vida de devoción, puede alcanzar su salvación sea cual sea su Iglesia o su filosofía. El que sea cristiano, judío, musulmán, budista o librepensador, es igual. Todo ser humano tiene las facultades necesarias para evolucionar hacia un plano celestial. El juicio pertenece al Padre, no a los hombres.

6. Tener la certidumbre de que el hombre no ha sido nunca expulsado del Cielo, sean cuales sean los momentos de negación y de duda, y que estamos en el plano físico para servir a los demás, no para nosotros mismos.

www.ingramcontent.com/pod-product-compliance
Lightning Source LLC
LaVergne TN
LVHW051600070426
835507LV00021B/2684